中国古代造园家

吕明伟 ◎ 编著

中国建筑工业出版社

引 言

寻找造园家

　　在数千年人类发展的历史长河中，帝王将相、思想家、政治家、文学家、画家……这些社会各个层面的杰出代表人物因其卓越成就彪炳千古，为世人所传颂，与之相关的传记、书籍记载更是汗牛充栋、浩如烟海。但是对于社会普通大众创造财富、书写历史的记述却是只言片语、凤毛麟角。在园林的营造史上亦是如此，巴比伦空中花园、柏拉图学园、凡尔赛、圆明园、拙政园、避暑山庄……这些伟大而又不朽的园林杰作往往归功于帝王将相或者其主人，对于参与营建的建筑师或造园家则常常被忽略，甚至遗忘，尤其在中国多一概以匠人记之，冠以"无名氏"称谓。于是，寻找这些造"物"的"无名氏"的生平事迹，探寻园林的主人，造园家中人和物的发展脉络，从人、事、物的角度挖掘书写世界园林史发展背后的故事，也就成了本套书编写的初衷。《中国古代造园家》、《外国古代造园家》选取了19世纪中叶前世界上最有代表性的数十位造园家展开论述，以期全景式记录那些创造传世园林作品的传奇人物……

　　哈德良大帝、太阳王路易十四、勒诺特、万能布朗、秦皇、汉武、康熙、乾隆、小普林尼、王维、白居易……他们在自己的时代集天地自然之灵秀，用双手将胸中所藏之丘壑一一呈现于凡尘俗世之中，或寓天地于宫室，或营造化于庭园，构建了一代又一代人的审美情趣和精神理想。他们遗留给我们的，除了一道道五色斑斓的风景，更为我们营造了一种生活的情趣，一种生命的情怀。

　　这些今天鲜为人知的造园家，抑或那些深藏历史深处已被忘却的"无名氏"造园家，他们在为人类创造无与伦比的风景的同时，其本身也构成了现实世界一抹独特的风景……

　　谨以此书献给为世界创造风景的人们，逝去的，现在的，或未来的……

目 录

引言　寻找造园家

1. 姬昌、姬旦父子：中国园林营造的奠基者与都城规划师 / 1
2. 秦始皇：皇家园林的开创者 / 9
3. 汉武帝：上林苑"皇家气派"的缔造者 / 17
4. 竹林七贤、王羲之、陶渊明：魏晋风流与山水田园思想的启蒙者 / 25
5. 石崇、谢灵运：两晋士族庄园别墅的建造者 / 39
6. 王维：盛唐山水诗、山水画、山水园林的集大成者 / 49
7. 白居易：中唐文人造园家和园林美学思想家 / 59
8. 杜甫、李德裕：唐代郊野别墅造园家 / 71
9. 柳宗元：唐代园林绿化理论家与风景园林师 / 81
10. 苏轼：北宋环境景观设计师和园林文学家 / 89
11. 司马光、苏舜钦、沈括、朱长文：北宋文人造园家 / 101
12. 宋徽宗：最具"艺术天分"的皇帝造园家 / 115
13. 计成：明代园林设计师与造园理论家 / 125
14. 米万钟、袁枚：明清文人造园家 / 135
15. 文徵明、文震亨：文氏祖孙的江南园林情结 / 145

16. 张南阳、石涛、戈裕良：明清江南民间叠石造园家 / 153

17. 康熙：中国皇家造园思想家 / 165

18. 乾隆：最具文化修养的皇帝造园家 / 175

19. 样式雷：清朝皇家宫廷建筑匠师家族 / 187

20. 李渔：清初博物风雅的园林理论家与美学家 / 193

21. 曹雪芹：红楼梦里的中国园林 / 203

22. 张南垣父子：清代皇家叠山造园匠师 / 211

中国古代部分重要造园家及其园林实例表 / 217

部分插图来源 / 219

1. 姬昌、姬旦父子：
中国园林营造的奠基者与都城规划师

> "囿"、"圃"、"台"是中国古典园林发展的三个源头。
>
> ——周维权[1]

[1] 周维权. 中国古典园林史[M]. 第3版. 北京：清华大学出版社，2010.

园林缘起

我国造园艺术起源于商周，即公元前11世纪的商末周初时期。商代末期以"殷"为都故又称为殷，殷商甲骨文的发现，揭开了人类社会的文明发展史。关于造园最早见于文字记载的是甲骨文中"囿"和"圃"等象形字（图1-1、图1-2）。"园林"一词最早的文字记载出现于西晋，当时的文学家张翰的《杂记》有"暮春和气应，白日照园林"，此时期左思的《娇女》诗中也有"驰骛翔园林"。[2]

囿起源于帝王的狩猎活动，是豢养狩猎过程中捕获的野兽、禽鸟的场所，《诗经》毛苌注："囿，所以域养禽兽也。"《说文》释囿为"苑有垣也"。圃，是人工栽植蔬菜的场地，并有界定四至的范围（图1-3），《说

[2] 汪菊渊. 中国古代园林史[M]. 第2版. 北京：中国建筑工业出版社，2012.

图1-3 "圃"逐渐发展成为园

图1-1 甲骨文中的"囿"字

图1-2 为栽植果蔬树木的象形

文解字》释圃为："种菜曰圃"。台，是用土堆筑而成的方形高台（图1-4），《说文解字》："台，观，四方而高者也。""囿"、"圃"、"台"相对应狩猎圈养，栽培种植，通神望天等园林最初的功能。

文献记载最早的古代园林形态是建于公元前11世纪商末周初时期殷纣王的"沙丘苑台"和周文王修建的"灵囿"、"灵台"、"灵沼"。

商纣王是中国商朝末代君主，在位30年，后期耗巨资建鹿台，"七年而成，其大三里，高千尺，临望云雨"。《史记·殷本纪》载："益收狗马奇物，充仞宫室。益广沙丘苑台，多取野兽蜚鸟置其中……"这位历史上最为荒淫无道之君在此丧尽天良、坏事做尽，造酒池、悬肉为林，生活穷奢极欲（图1-5）。约公元前1046年，周武王联合西方11个小国发起进攻，战于牧野，商军大败，攻至朝歌，商亡，商纣王登上鹿台"蒙衣其珠玉，自焚于火而死"，鹿台也随之化为灰烬。

姬昌：园林营造的奠基者

周文王（公元前1152—前1056年），商纣时为西伯侯，又称周侯，姬姓，名昌，其子武王得天下后，追尊为文王（图1-6）。文王发明"文王八卦"

图1-4 宋人想象中的台（宋·刘宗古：《瑶台步月图》，此图原载《四朝选藻册》）

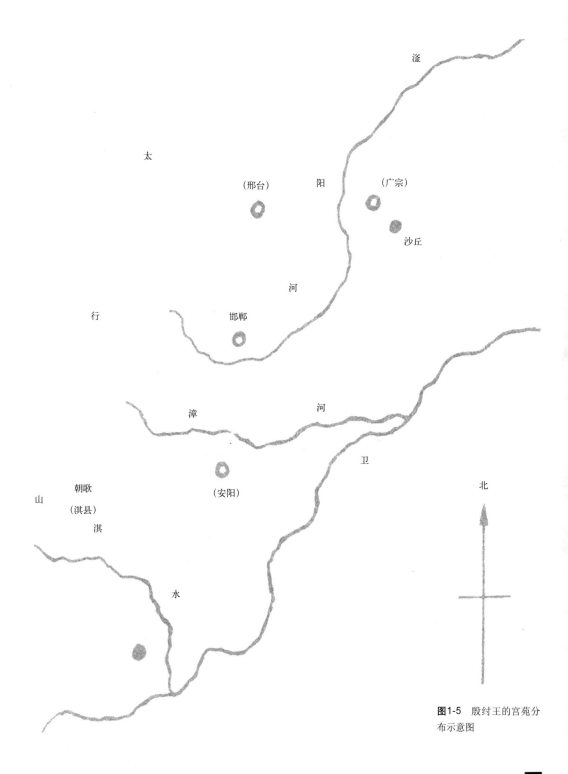

图1-5 殷纣王的宫苑分布示意图

1. 姬昌、姬旦父子：中国园林营造的奠基者与都城规划师

图1-6 文王画像

[1] 汪菊渊. 中国古代园林史[M]. 第2版. 北京：中国建筑工业出版社，2012.

[1]《孟子·梁惠王下》

（图1-7）和"文王六十四卦"，流传于世，《史记》记载："文王拘而演周易。"文王建造的灵囿内筑有灵台与灵沼："文王以民力为台为沼，而民欢乐之，谓其台曰'灵台'，谓其沼曰'灵沼'。"

周文王修建的灵囿、灵台与灵沼分别位于长安西北40里，长安县西42里，长安西30里，即今天的陕西长安县、户县东一带地区[1]。这座园林的规模和情形在数百年后孟子与齐宣王的对话中谈到过：

齐宣王问曰："文王之囿，方七十里，有诸？"

孟子对曰："于传有之。"

曰："若是其大乎！"

曰："民犹以为小也。"

曰："寡人之囿，方四十里，民犹以为大，何也？"、

曰："文王之囿，方七十里，刍荛者往焉，雉兔者往焉，与民同之，民以为小，不亦宜乎！臣始至于境，问国之大禁，然后敢入。臣闻郊关之内，有囿方四十里，杀其麋鹿者如杀人之罪，则是方四十里，为阱于国中，民以为大，不亦宜乎？"[1]

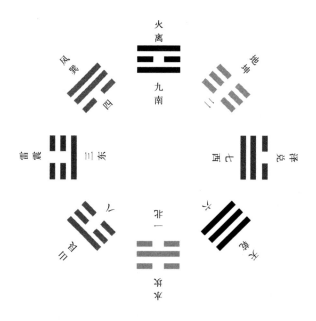

图1-7 文王八卦图

从以上的对话中，我们不难获悉：一、文王的这座园林规模方圆七十里，比齐宣王方四十里的园林要大近一倍；二、这座园林并不是文王的私有专享财产，割草砍柴、捕禽猎兽的寻常百姓都可以随便去，是与百姓共享的帝王园林，这是与齐宣王乃至以后历代帝王修建的园林御苑有着本质区别之处。

我国最早的诗歌总集《诗经》中详细地描述记载了这座园林营造、园居生活的盛况：

> 经始灵台，经之营之；
> 庶民攻之，不日成之。
> 经始勿亟，庶民子来；
> 王在灵囿，麀鹿攸伏。
> 麀鹿濯濯，白鸟翯翯；
> 王在灵沼，于牣鱼跃。
> 虡业维枞，贲鼓维镛；
> 于论鼓钟，于乐辟雍。
> 于论鼓钟，于乐辟雍；
> 鼍鼓逢逢，矇瞍奏公。[1]

[1]《诗经·大雅·灵台》

灵台篇共分五章，每章四句。

第一章描写了这座园林的营建过程。灵台建造伊始，规划设计先行并巧于经营。周文王用百姓的劳力建台开沼，百姓欢天喜地干劲十足，不久便落成。工程本来不急迫，因文王有德使人民乐于归附，为王效命，人民大众创造历史在此得到了最好的佐证，通过"经之"、"营之"、"攻之"、"成之"，大大加快了园林的营造进程。

第二、三章描写了周文王游览灵囿、灵沼的情形。灵囿以自然树木花草为主，鸟兽生长其间，鹿儿悠闲躺在草地上，母鹿体壮肥美、悠然自在、白鹳羽毛丰满、洁白光鲜。文王来到灵沼上，满池鱼儿欢悦蹦跳，一派人与自然和谐相处的景象。

第四、五章写文王在"辟雍"[2]享园居生活、游憩赏乐、与民同乐的盛况。古代的君王与民同乐的情形跃然其间，在此取代观赏鹿、鸟、

[2] 亦作"璧雍"，汉班固《白虎通·辟雍》："辟者，璧也。象璧圆又以法天，于雍水侧，象教化流行也。"辟雍即明堂外面环绕的圆形水池，环水为雍（意为圆满无缺），圆形像璧（辟即璧，皇帝专用的玉制礼器）。"明堂辟雍"是古代最高等级的皇家礼制建筑之一，是一座建筑，却包含两种建筑名称的含义。文献有"明堂之制，周旋于水"，辟雍"圆如璧，雍以水"。

鱼儿之野趣的，是聆听钟鼓音乐之兴味。编钟架上悬挂大鼓和大钟，乐师们击鼓鸣钟演奏出悦耳和谐的音乐，君王离宫内歌舞升平，其乐融融。

周文王以及他的百姓是中国园林营造的奠基者，见于文字记载的灵囿、灵台与灵沼是君王与百姓同享同乐的场所。然而在以后的长达3000年的时间内，园林尤其是皇家园林和私家园林的发展与使用，似乎成了少数人独享的私有财产，服务层面有限，不经主人允许，普通大众不能入园游览。与古典园林相比，现代园林在服务对象、形式功能上都有所改变，成为大众服务的空间场所，人人都能营造属于自己的风景。

姬旦：都城规划师

约公元前1056年文王死，次子周武王姬发继承王位，承其父遗志，推翻商朝统治，成为西周王朝的开国之君，建立了中国历史上最长的朝代——周朝。周武王迁都丰河东岸镐京（在今陕西西安西南），武王去世，周公姬旦成为13岁的成王的摄政王，平定了自己兄弟管、蔡的叛乱，安置了殷商的遗民，是西周初杰出的政治家、思想家、军事家。

周公旦，姓姬名旦，周文王10个儿子中的第四子，周武王之弟（图1-8）。因封地在鲁（今山东），史称周公。他协助二哥姬发推翻了商王朝，还帮助成王建立了分封制的政治制度，井田制的经济制度和以礼乐为中心的文化制度，采取"宗法制、分封制"的举措，巩固和加强了周王朝长达700年的封建统治。周公的礼乐制度一直被历代的统治阶级所承袭，沿用到中华民国，历经3000多年。《尚书大传》称："周公摄政：一年救乱，二年克殷，三年践奄，四年建侯卫行书，五年营成周，六年制礼作乐，七年致政成王。"

图1-8　姬旦画像（现藏台北故宫博物院）

周公平叛以后，为了加强对东方的控制，正式建议成王把国都从丰镐（称为"宗周"）迁到洛邑（今洛阳，称为"成周"），并主持营造了洛邑。周公摄政的第五年，全面观察了新邑规划，重新占卜，正式营建洛邑，"新的帝都的全部基本设计，最终负有责任的权威是周公"。[1]我国著名建筑学家张钦楠先生称周公姬旦与弥牟为"中国第一对都城规划师与建造师搭档"。[2]

[1] 吴国桢. 中国的传统[M]. 陈博译. 北京：东方出版社，2000.

[2] 张钦楠. 中国古代建筑师[M]. 北京：生活·读书·新知三联书店，2008.

经过一年左右的时间，建成内城方1720丈，外城方70里的洛邑新都。为了便于对前朝遗民的统治管理，方便文化交流，他把新的首都和殷商遗民的定居地共同规划，分别布置。把在战争中俘获的大批商朝贵族即"殷顽民"迁居洛邑，周公又在成周西南30里的地方修筑了一座城，叫王城，分封康叔在成周，派驻八师（一师为2500人）兵力驻守成周，监视商朝遗民。

关于洛邑新都的城市及其建筑没有遗存，但我们从钱穆先生的生动描写中可窥见这座都城的盛况：

"这城的规模相当伟大，瀍水西边的王城方一千七百二十丈，东边的城稍小些，郛郭方七十里，把两个城围在一块，南靠洛水，北困邙山，在王城南郊设'丘兆'，祭祀上帝，以后跻配享、日、月、星、辰和先王陪位。又在城内立大灶，祭土谷神。神坛是用五色土筑成的：东边青土，南边红土，西边白土，北边黑土，中央黄土。封诸侯的时候，诸侯就其所在的方位，凿一块土，放在他自己国内的灶上。在城内又有五所大建筑（五官）：太庙是祭祖先的庙，宗官是专为文王立的庙，考官是专为武王立的庙，路寝是王的住处，明堂是发布命令的办公处，朝会诸侯的大礼堂，这几处都很讲究。筑成以后，把商朝的祭器、受到天命的象征物——九鼎迁到王城，正式为天下政治的中心。在

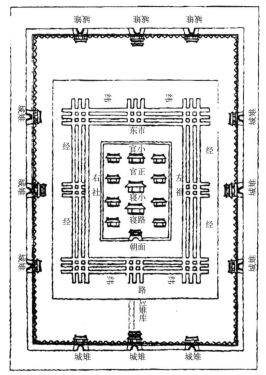

图1-9 洛邑的复原图

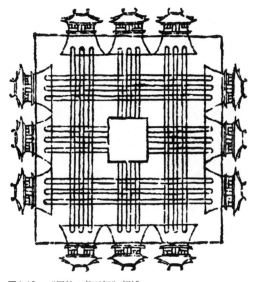

图1-10 《周礼·考工记》都城

那里占卜周朝的命运，周朝可以传三十世，七百年。"[1]

建都洛邑后，周公开始实行封邦建国的方针，他先后建置71个封国，把武王15个兄弟和16个功臣，封到封国去做诸侯，以作为捍卫王室的屏藩。自此，文王、武王的后代及各侯国君主开始了史无前例的大规模城邑营建，周朝开国以来第一次城市建设高潮拉开帷幕。成书于春秋战国之际的《周礼·考工记》便是周朝都城营建的完美总结，记述了关于周代王城建设的空间布局制度，对中国古代城市规划实践活动产生了深远的影响，周代因此也成为中国古代城市规划思想最早形成的时代。洛邑的城市规划与《周礼·考工记》一书中的"匠人营国"一节所描述的都城规划非常一致，以至于人们可以把它作为《周礼·考工记》规划的实录（图1-9、图1-10）。[2]

[1] 钱穆. 皇帝[M]. 北京：生活·读书·新知三联书店，2004.

[2] 张钦楠. 中国古代建筑师[M]. 北京：生活·读书·新知三联书店，2008.

2. 秦始皇:
皇家园林的开创者

> 秦统一全国后,进行了几项大型工程建设,规模之巨大,构思之宏伟,恐怕不是一般工匠和官吏所能胜任……然而,这些工程的策划及其基本方案的设计,却只能出自最高领导——皇帝本人。所以把秦始皇作为他所策划的工程的总设计师,恐不为过。
>
> ——张钦楠[1]

[1] 张钦楠. 中国古代建筑师[M]. 北京:生活·读书·新知三联书店,2008.

秦始皇(公元前259—前210年),姓嬴,名政,生于邯郸(今属河北)。秦庄襄王之子,13岁即王位,39岁称帝,在位共37年(图2-1)。他是首位完成中国统一的秦王朝的开国皇帝,杰出的政治家、军事统帅,后人称之为"千古一帝"。秦始皇是中国历史上第一个使用"皇帝"称号的君主,自称"始皇帝"。秦始皇建立皇帝制度,推行"车同轨、书同文、行同伦"的治国策略,中央实施三公九卿,地方废除分封制,设立郡县制,建立了一套相当完整的中央集权制度和政权机构,对以后历代封建王朝的政治制度有深远的影响。

图2-1 秦始皇

咸阳宫、阿房宫:"高台榭、美宫室"之典范

秦始皇二十六年(公元前221年)灭六国,统一天下,建立中央集权的封建大帝国后,园林的发展也与大秦帝国的政治体制相适应,开始出现真正意义上的"皇家园林"。始皇帝更是在自灭六国之时便逐步实现其"大咸阳规划",以及畿、关中地区的史无前例的大规模公园——皇家园林建设。[1]秦始皇策划建造的项目有万里长城(图2-2)、驰道、骊山墓(图2-3)、上林苑、咸阳宫及阿房宫等。据《史记·秦始皇本纪》记载:秦国有"关中计宫三百,关外四百余",另外,"咸阳之旁二百里内",还有"宫观二百七十"。在秦始皇策划新建、修建的数百座宫苑中,已不能一一考证,但从相关史料记载中,最著名的"宫""苑",即咸阳宫、阿房宫及其上林苑。秦朝宫苑宏伟浩大,尽显皇家气派,先秦以来的"高台榭、美宫室"之风气在秦始皇统治时期达到了发展巅峰。

大咸阳规划可追溯到公元前350年,秦孝公自栎阳迁都渭河北岸的咸阳时起,当时就开始在渭河南岸修建章台、上林苑等宫苑。秦惠王即位后开始实施以咸阳为中心的大规模的城市、公园建设。据史籍记载,秦始皇在统一全国的过程中,每征服一国,图绘其宫殿,在京

[1] 周维权. 中国古典园林史[M]. 第3版. 北京:清华大学出版社,2010

图2-2 万里长城

图2-3 秦始皇陵墓一侧的兵马俑

城咸阳附近仿造重建（图2-4）。渭水北岸建成了各具特色的"六国宫殿"。《三辅黄图》记述在秦始皇二十七年（公元前222年）开始经营渭南："二十七年，作信宫渭南，已而更命信宫为极庙，象天极。自极庙道通骊山。作甘泉前殿。筑甬道，自咸阳属之。始皇穷极奢侈，筑咸阳宫，因北陵营殿，端门四达，以则紫宫，象帝居。渭水贯都，以象天汉；横桥南渡，以法牵牛。"

咸阳宫位于当初秦都咸阳城的北部阶地上。公元前350年秦孝公迁都咸阳，开始营建宫室，至迟到秦昭王时，咸阳宫已建成。在秦始皇统一六国过程中，该宫又经扩建，整座建筑结构紧凑，布局高下错落，主次分明，是秦代建筑的典范之作。据记载，该宫"因北陵营殿"，为秦始皇执政"听事"的地方。晚唐朝诗人李商隐看到被项羽焚烧的秦咸阳宫殿遗迹后有感而发：

"咸阳宫阙郁嵯峨，六国楼台艳绮罗。自是当时天帝醉，不关秦地有山河。"

1959年以来开始勘察发掘秦都咸阳遗址，1974年，考古工作者在长陵车站以北的台地上发现了一系列宫殿遗址。经勘查，该遗址位于今

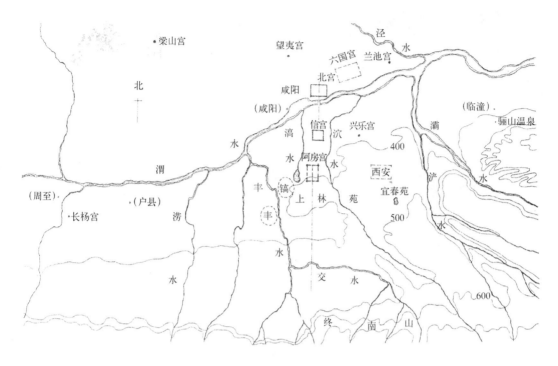

图2-4 秦咸阳主要宫苑分布图

渭河北岸黄土塬上，保存有十多处大型夯土建筑基址。已经发掘的主要是1号基址，它东西长60米，南北宽45米，高出地面6米，平面呈长方曲尺形（图2-5）。经初步复原研究，这是一座以多层夯土高台为基础，凭台重叠高起的楼阁建筑。其台顶中部是两层楼堂构成的主体宫室，四周有上下不同层次的较小宫室，底层建筑周围有回廊环绕。据出土的建筑材料及陶文书体特征，结合史籍中咸阳宫方位判断，这是咸阳宫内一处重要宫殿。它始建于战国中、晚期，后经多次维修、扩建，秦末毁于烈火。[1]

[1] 陶复.秦咸阳宫第一号遗址复原问题的初步探讨[J].文物，1976（11）.

公元前212年，秦始皇嫌先王所建的宫廷太小，因而又征发几十万人在渭水南岸修建规模更大的朝宫，即历史上著名的阿房宫。阿房宫规模空前，离宫别馆，弥山跨台，气势宏伟，蔚为壮观。传说阿房宫大小殿宇700余所，秦始皇生前，将从六国掠夺来的珠宝、美女深藏宫中。唐代著名诗人杜牧在其创作的《阿房宫赋》中，第一段落生动形象地描写了阿房宫的兴建及

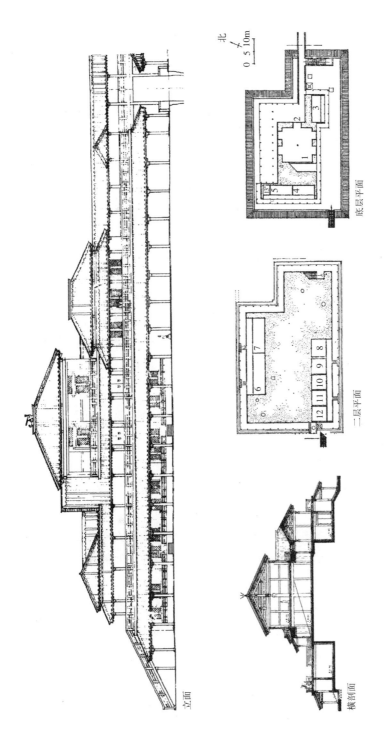

图2-5 秦咸阳宫1号遗址建筑复原图(杨鸿勋复原)

2. 秦始皇:皇家园林的开创者

恢宏壮丽：

"六王毕，四海一，蜀山兀，阿房出。覆压三百余里，隔离天日。骊山北构而西折，直走咸阳。二川溶溶，流入宫墙。五步一楼，十步一阁；廊腰缦回，檐牙高啄，各抱地势，钩心斗角。盘盘焉，囷囷（qūn）焉，蜂房水涡，矗（chù）不知乎几千万落。长桥卧波，未云何龙？复道行空，不霁（jì）何虹？高低冥迷,不知西东（也作'东西'）。歌台暖响,春光融融；舞殿冷袖，风雨凄凄。一日之内，一宫之间，而气候不齐。"

译文如下：

"六国灭亡，秦始皇统一了天下。蜀山光秃了，阿房宫盖起来了。阿房宫占地三百多里，楼阁高耸，遮天蔽日。阿房宫从骊山向北构筑宫殿，折而向西，一直通到秦京咸阳。渭水和樊川两条河，水波荡漾地流入宫墙。走五步、十步就能看到一座楼阁。走廊回环曲折，突起的檐角尖耸，犹如禽鸟仰首啄物；宫殿阁楼随地形而建，彼此环抱呼应，宫室结构参差错落，精巧工致。盘旋屈曲的样子，像蜂房，像水涡，矗立着不知有几千几万座。长桥横卧在渭水上，（人们看了要惊讶）天上没有云，怎么出现了龙？几条复道在半空像彩虹，（人们看了要诧异）不是雨过天晴，哪里来的彩虹？楼阁随着地势高高低低，迷茫不清，使人辨不清东西方向。人们在台上唱歌，歌乐声响起来，好像充满着暖意，如同春光那样融和。人们在殿中舞蹈，舞袖飘拂，好像带来寒气，如同风雨交加那样凄冷。就在同一天，同一座宫里，天气竟会如此不同。"

赋中充分发挥了诗人驰骋想象的空间，运用生动的比喻、大胆的夸张、骈句散行等写作手法，辞藻华美，极力形容了阿房宫的壮丽和宫廷生活的奢侈荒淫。杜牧在这篇赋中艺术地再造了阿房宫，然而这些丰富的想象不足以成为阿房宫存在的有力证据，《史记·秦始皇本纪》的记载也不详细。20世纪70年代，由中国社会科学院考古研究所和西安市文物保护考古所联合组成的阿房宫考古队，对阿房宫遗址进行的考古工作发现，阿房宫本来就没有建成，秦朝此宫殿仅完成地基而已。

阿房宫只建成一座前殿，位于西周京都丰镐附近（今西安市西郊赵

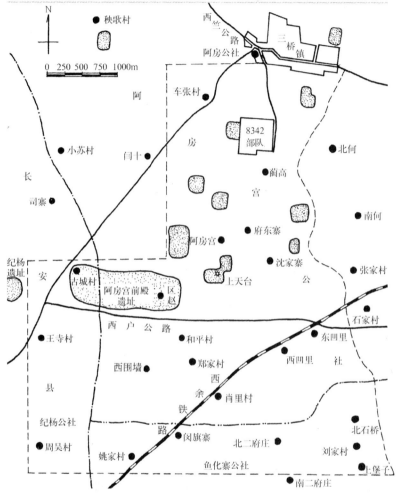

图2-6 秦阿房宫遗址保护区位置略图

家堡和大古村之间),前殿是阿房宫的主体宫殿(图2-6)。据《史记·秦始皇本纪》记载:"前殿阿房东西五百步,南北五十丈,上可以坐万人,下可以建五丈旗,周驰为阁道,自殿下直抵南山,表南山之巅以为阙,为复道,自阿房渡渭,属之咸阳。"现存一座巨大的长方形夯土台基,西起长安县纪阳乡古城村,东至巨家庄,经探测实际长度为1320米,宽420米,

2. 秦始皇:皇家园林的开创者　15

最高处高约7—9米，是中国目前已知的最大的夯土建筑台基。现在的阿房宫前殿，是20世纪80—90年代依据史籍文献，由考古学家和古建筑专家勘测设计，在原有基址上复建的。大宫门、前殿、兰池宫、六国宫室、长廊、卧桥、磁石门、上天台、祭地坛、河流等12处景观如今已经相继建成。

兰池宫：筑山理水艺术之先河

秦始皇十分迷信神仙方术，曾多次派遣方士到东海三仙山求取长生不老之药，而未果。于是退而求其次，在"兰池宫"园林里面挖池筑岛，模拟海上仙山的形象以满足他接近神仙的愿望。《三秦记》载："始皇引渭水为池，东西二百里，南北二十里，筑土为蓬莱，刻石为鲸，长二百丈。"兰池宫初建于秦始皇时，秦始皇时修建东西长200里、南北宽20里的长池，引来渭水建成人工湖，湖面可以荡舟，又配以蓬莱山、鲸鱼石等景观。兰池宫是供皇室游览兰池时休憩的离宫。周维权先生总结认为，兰池宫在生成期的园林发展史中占着重要的地位：一、引渭水为池，池中堆筑岛山，乃是首次见于史载的园林筑山、理水之并举。二、堆筑岛山名为蓬莱山以模拟神仙境界，比起战国时燕昭王筑台以求仙的做法更赋予一层意象的联想，开启了西汉宫苑中的求仙活动之先河。从此以后，皇家园林多了一个求仙的功能。[1]

秦朝末年，兰池宫遭毁弃。秦兰池宫遗址位于咸阳市渭城区正阳镇柏家嘴村。秦文化遗存，与咸阳宫一号建筑遗址东西对峙，两者相距约3.5公里。

2011年3月上旬，在兰池宫遗址再次出土一件兰池宫瓦当，书写篆书"蘭池宮當"四字，为典型汉代瓦当，现藏西安秦砖汉瓦博物馆（图2-7）。

[1] 周维权. 中国古典园林史[M]. 第3版. 北京：清华大学出版社，2010.

图2-7 兰池宫瓦当

3. 汉武帝：
上林苑"皇家气派"的缔造者

> 苑中养百兽，天子春秋射猎苑中，取兽无数。其中离宫七十所，容千骑万乘。
> ——《汉书·旧仪》

汉世宗孝武皇帝刘彻（公元前156—前87年），汉朝的第七位天子，是汉高祖刘邦的重孙子，7岁时被册立为皇太子，16岁登基，在位54年（公元前141—前87年）。刘彻独尊儒术，首创年号，是中国第一个使用年号的皇帝（图3-1）。公元前87年刘彻崩于五柞宫，享年70岁，葬于茂陵，谥号"孝武"，庙号世宗。

图3-1 汉武帝像

[1] 周维权. 中国古典园林史[M]. 第3版. 北京：清华大学出版社，2010.

汉武帝是中国历史上伟大的皇帝之一，他雄才大略、文治武功，开创了西汉王朝最鼎盛繁荣的时期，使汉朝成为当时世界上最强大的国家。经过汉初的休养生息，经济发展，国力增强，强大的国力促使皇家园林的建设活动空前繁荣，西汉的皇家园林大多数建于汉武帝时代。这一时期，较为著名的宫苑有：上林苑、未央宫、建章宫、甘泉宫、兔园五处，晋代葛洪《西京杂记》，南朝人编著的《三辅黄图》，清代顾炎武《历代宅京记》等多有记载（图3-2）。在这些离宫别苑中，首推上林苑，"占地之广可谓空前绝后，乃是中国历史上最大的一座皇家园林"。[1]

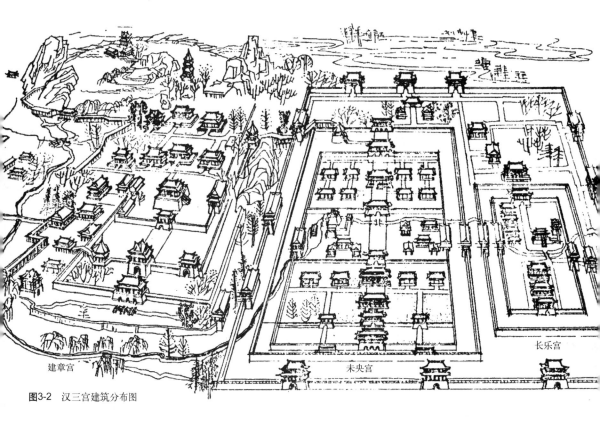

图3-2 汉三宫建筑分布图

上林苑历史沿革

上林苑原为秦国的旧苑,初为秦惠文王修建阿城,秦昭襄王辟为王室苑囿。秦始皇加以扩建,范围南至终南山北坡,北至渭河,西到周至,东达宜春苑,规模宏大,是当时最大的一座皇家园林。上林苑以阿房宫为中心,依据不同的山水地形和自然环境,修建了各种类型的宫、殿、台、馆。《三辅故事》记载仅秦始皇在上林苑就修了一百余所离宫别馆。秦朝末年,上林苑毁于战火。

汉朝初年的公元前195年开放秦苑林,让农民开垦土地耕种庄稼,汉武帝刘彻于建元三年（公元前138年）不顾东方朔等群臣劝阻，在此大量征地，在秦代上林苑旧苑址上扩大、扩建。《汉书·东方朔传》记述了扩建上林苑的缘由："微行始出，北至池阳，西至黄山，南猎长杨，东游宜春……于是上以为道远劳苦，又为百姓所患，乃使太中大夫吾丘寿王与待诏能用算者二人，举籍阿城以南，盩厔（周至）以东，宜春以西，提封顷亩，乃其贾直，欲除以为上林苑，属之南山。"汉武帝经常微服出游到长安郊外打猎，随从毁坏农田，老百姓遂与之发生冲突，于是决心用郊县其他地方的草田作为交换，有偿征用这一带的土地，连同秦的旧苑围作皇家园林。东方朔曾上书力谏：

"今规以为苑，绝陂池水泽之利，而取民膏腴之地，上乏国家之用，下夺农桑之业，弃成功，就败事，损耗五谷，是其不可一也。且盛荆棘之林，而长养麋鹿，广狐兔之苑，大虎狼之虚，又坏人冢墓，发人室庐，令幼弱怀土而思，耆老泣涕而悲，是其不可二也。斥而营之，垣而围之，骑驰东西，车骛南北，又有深沟大渠，夫一日之乐不足以危无堤之舆，是其不可三也。故务苑囿之大，不恤农时，非所以强国富人也。"

东方朔反对将良田改为园林，但武帝不予采纳，遂大兴土木，扩建上林苑，苑内建有大量亭台楼阁，布满珍禽奇兽、名木异草。

上林苑共设苑门12座，苑墙长度大约为160公里，总面积为2500—3000平方公里。上林苑的范围，《三辅黄图》中说："东南至蓝田宜春、鼎湖、御宿、昆吾，旁南山而西，至长杨、五柞，北绕黄山，濒渭水而东。"西汉司马相如的《上林赋》、扬雄的《羽猎赋》和东汉班固的《西都赋》、张衡的《西京赋》等四篇彪炳千秋的名赋对上林苑作了最全面、最翔实的记载。根据西汉这"四大名赋"记载，上林苑东起鼎湖宫（在今蓝田县），南到御宿川（在今河川一带）及终南山北麓，西南到长杨宫、五柞宫（在今周至县），向北至渭河北岸。其范围大体包括今天的蓝田、户县、周至、咸宁4县（市）和西安市。

西汉末年，王莽篡位，天下大乱，后建立东汉王朝，定都洛阳，长安一带的园林宫苑逐渐衰落，上林苑也由此淡出历史。上林苑自秦至西汉，在中国历史上大约存在了240多年。

上林苑"皇家气派"的造园艺术

关于上林苑的造园艺术,周维权先生总结认为:一、上林苑是一个范围极其辽阔的天然山水环境;二、上林苑疏朗的、随意的"集锦式"总体布局,与秦代上林苑建筑比较密集,复道、甬道相连成网络的情况全然不同;三、上林苑是一座多功能的皇家园林,具备生成期古典园林的全部功能——游憩、居住、朝会、娱乐、狩猎、通神、求仙、生产、军训等。[1]

上林苑南傍南山,北临渭水,既有优美的自然景物,又有华美的宫室建筑群落。汉赋大家司马相如的代表作品《上林赋》,以宫殿、园囿、田猎为题材,描绘了盛世王朝时期上林苑之宏大:

"于是乎周览泛观,缤纷轧芴,芒芒恍惚。视之无端,察之无涯,日出东沼,入乎西陂。其南则隆冬生长,涌水跃波……于是乎离宫别馆,弥山跨谷,高廊四注,重坐曲阁,华榱璧珰,辇道纚属,步櫩周流,长途中宿。夷嵕筑堂,累台增成,岩突洞房,俯杳眇而无见,仰攀橑而扪天,奔星更于闺闼,宛虹扡于楯轩,青龙蚴蟉于东箱,象舆婉僤于西清,灵圉燕于闲馆,偓佺之伦,暴于南荣。醴泉涌于清室,通川过于中庭。磐石振崖,嵚岩倚倾。"

据《关中记》载,上林苑中有建章宫、承光宫、储元宫、包阳宫、黄山宫等12座大型宫殿群,有御春苑、思贤苑、博望苑、乐游苑等36处苑囿(园中园),有观象观、白鹿观、昆明观等20余座,亭台不计其数。这些离宫别馆规模宏伟,金碧辉煌,盖山跨谷,台阁层层叠叠,游廊悠长漫延,凌空悬架的阁道连接着重檐层屋,驾辇而行的阁道接连不断……其皇家气派蔚为壮观。

上林苑山水资源尤为丰富,外围终南山和九嵕山高耸突兀,崔巍险峻,深林茂密,灞、浐、泾、渭、丰、镐、牢、橘八水出入其中,浩浩荡荡八水分流,东西南北此起彼伏,景象各有千秋。上林苑中还有许多池沼,见于记载的有昆明池、镐池、祀池、麋池、牛首池、蒯池、积草池、东陂池、当路池、大一池、郎池等。据《三辅黄图》和《西京杂记》载,昆明池是汉武帝四年(公元前119年)所凿,原为训练水军而开挖

[1] 周维权. 中国古典园林史[M]. 第3版. 北京:清华大学出版社,2010.

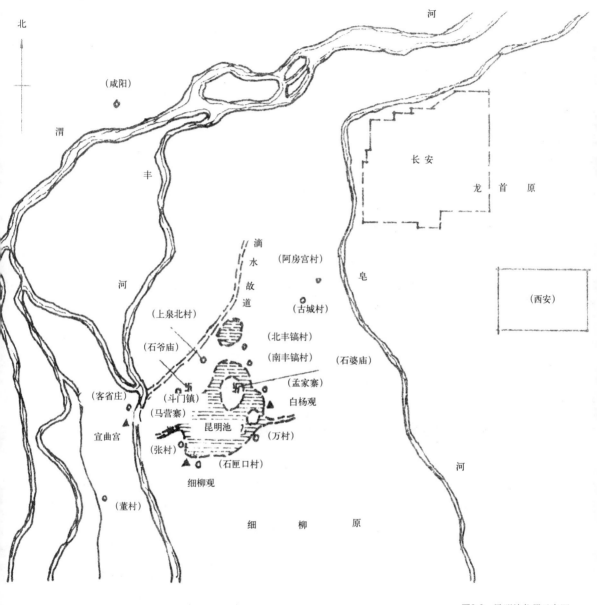

图3-3 昆明池位置示意图

3. 汉武帝：上林苑"皇家气派"的缔造者

图3-4 昆明池遗物牛郎、织女石像（后人尊称石爷、石婆）

了昆明池，池中有战船几十艘，有楼船百艘，池中刻制石鲸，两岸刻制牛郎、织女两石像（图3-4）象征天河，沿岸修建了许多离宫别馆和亭台楼阁。据中国社会科学院考古研究所陕西第二工作队对遗址进行了考古钻探和试掘，其遗址大体位于南丰村、石匣口村、斗门镇和万村之间，范围东西约4.25公里，南北约5.69公里，沿岸一周长约17.6公里，面积约16.6平方公里。遗址范围内有普度、花园、南寨子、下店等20多个村庄（图3-3）。

汉武帝在上林苑中栽植大量名果异树，奇花异卉和圈养了无数珍禽异兽，无异于一座特大型的动植物园。在植物方面有各种桃、李、栗、梅、杏，仅梨树就有紫梨、青梨、芳梨、大谷梨、金叶梨、耐寒的瀚海梨、东海的东王梨等。枣有玉门枣、赤心枣、昆仑山西王母枣等。还专门有引种西域葡萄的葡萄宫和养南方奇花异木如菖蒲、山姜、桂、龙眼、荔枝、槟榔、橄榄、柑橘之类的扶荔宫。在上林苑中还养育珍禽异兽，有虎、熊、鹿、野猪、狐狸、兔子等百兽。还有各种鸟类，有山中鸟、树上鸟、水中鸟等。

汉武帝在位的后期，对外战争频仍、军饷不敷，乃将上林苑之部分土地佃予贫民耕种、养鹿、放牧，所得赋税充作军饷。此后，由于园林的范围太大，难于严格管理，逐渐有百姓入苑任意垦田开荒。

建章宫：" 一池三山"模式的皇家园林

汉武帝刘彻于太初元年（公元前104年）建造的宫苑，《三辅黄图》载："周二十余里，千门万户，在未央宫西、长安城外。"建章宫为西汉三大宫苑之一，也是上林苑内十二宫之首。另两座分别是公元前202年汉高祖在秦朝兴乐宫的基础上建成的长乐宫和公元前200年在秦章台基础上修建的未央宫。建章宫与未央宫相邻，为了往来方便，跨城筑有飞阁辇道，直至未央宫。

建章宫在历史上仅存在了117年，王莽篡位立新朝后不久被拆毁。经过2100多年后，建章宫部分遗址仍有迹可循，今地面尚存并可确认的有前殿、双凤阙、神明台和太液池等遗址。

建章宫整体布局"前殿后苑"，南部为宫殿区，北部为园林区（图3-5）。

宫殿区以建在高台上的建章前殿为最高建筑统领全部，从正门圆阙、玉堂、建章前殿和天梁宫形成一条中轴线，其他宫室分布在左右，全部围以阁道（图3-6）。园林区则以太液池为核心，仿效始皇帝在太液池中堆筑瀛洲、蓬莱、方丈三仙山，构建了历史上第一座具有"一池三山"模式的皇家园林。"前殿后苑"和"一池三山"模式开启了中国传统园林布局的先河，尤其是备受历代帝王推崇，奉为圭臬，成为后世皇家园林主要营造模式。

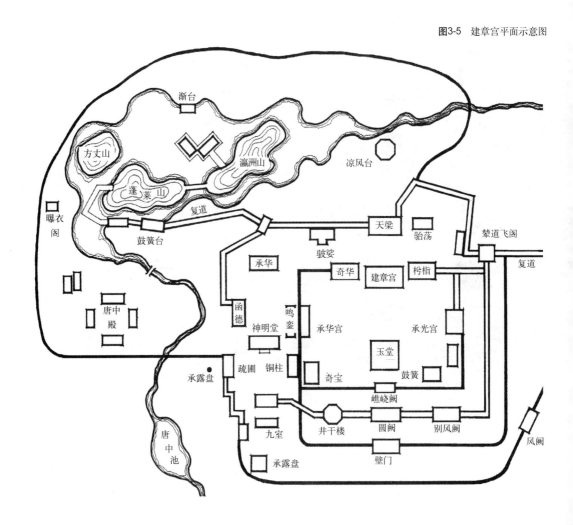

图3-5　建章宫平面示意图

⊙ 中国古代造园家

图 3-6 建章宫示意鸟瞰图

4. 竹林七贤、王羲之、陶渊明：
魏晋风流与山水田园思想的启蒙者

> 采菊东篱下，悠然见南山。
>
> ——陶渊明《饮酒》

公元189年，震惊朝野的董卓之乱爆发，东汉王朝名存实亡。大汉帝国土崩瓦解之后，中国大地上陷入了一场长达近400年的战乱，无休止的战乱和军阀割据打破了大汉帝国的一元化政治与集权式地主经济体制，多元化的文化发展格局取代了定型于西汉中期的以经学为主干，以儒学独尊为内核的文化发展模式。[1] 整个魏晋南北朝时期，儒、道、释、佛诸家思想争鸣，十分活跃。著名美学家宗白华先生在《美学散步》中指出："汉末魏晋六朝是中国政治上最混乱、社会上最苦痛的时代，然而却是精神史上极自由、极解放，最富于智慧、最浓于热情的一个时代，因此也就是最富有艺术精神的一个时代。"[2]

正是在这样一个最富有艺术精神的时代，"有晋中兴，玄风独振"，玄学的兴盛，文士对清淡生活的追求，对当时的社会文化氛围起了很大的推动作用。历史上的"魏晋风流"便产生于这样的时代文化背景下，既表现为把寄情山水和崇尚隐逸作为社会风尚。特定的文化社会环境造就了大批名士和名士文学家，他们身逢乱世，林泉之隐，田园山水之乐成了他们生活的全部和感情的寄托。自然山水园、山水田园诗、自然山

[1] 张岱年，方克立主编.中国文化概论[M].北京：北京师范大学出版社，2004.

[2] 宗白华.美学散步[M].上海：上海人民出版社，1999.

水画都在这一时期兴起。这一时期，山水诗、山水画的快速发展带动了山水园林的兴盛。

竹林七贤：魏晋士人山水情结的先声

魏晋时期兴起的玄学思潮，使文人对主张清静无为、回归自然的老庄哲学情有独钟，在魏晋时期的清谈之风内化为文士的一种生活方式。魏正始年间（公元240—249年），嵇康、阮籍、山涛、向秀、刘伶、王戎及阮咸七人常聚在当时的山阳县（今河南辉县、修武一带）竹林之下，肆意酣畅，世谓"竹林七贤"（图4-1、图4-2）。"竹林七贤"多才多艺，在音乐、书法和绘画等方面各有擅长，成就斐然。

《世说新语·任诞》："陈留阮籍、谯国嵇康、河内山涛三人年皆相比，康年少亚之。预此契者，沛国刘伶、陈留阮咸、河内向秀、琅琊王戎。七人常集于竹林之下，肆意酣畅，故世谓'竹林七贤'。"从西晋后期阴澹提出"竹林七贤"之说，再到东晋和南北朝，"竹林七贤"之称在《魏氏春秋》、《竹林名士传》和《竹林七贤论》、《世说新语》等文献中均有记载。自东晋开始，"竹林七贤"之称已广为传诵。[1]

[1] 卫绍生. 竹林七贤：一个时代的文化符号[N]. 光明日报，2011-09-19.

图4-1 竹林七贤（杨柳青年画）

图4-2 《竹林七贤与荣启期》,南朝墓葬出土的砖印壁画

竹林七贤是当时玄学的代表人物,政治思想和生活态度不同于"建安七子",他们大都"弃经典而尚老庄,蔑礼法而崇放达",被道教隐宗妙真道奉祀为宗师。他们的思想倾向略有不同,嵇康、阮籍、刘伶、阮咸始终主张老庄之学,"越名教而任自然",山涛、王戎则好老庄而杂以儒术,向秀则主张名教与自然合一。他们在生活上不拘礼法,清静无为,聚在竹林饮酒,纵歌。在文学创作上,以阮籍、嵇康为代表,但人们常常把竹林七贤作为一个整体来看,他们凭借脱俗之举和非凡之作,启迪了魏晋士人山水情结发轫,深深影响着中国文化和传统文人。在"竹林七贤"中,刘伶对中国建筑及园林艺术影响深远。

刘伶,字伯伦,沛国(今安徽淮北市)人。"竹林七贤"之一,性情豪迈,擅长喝酒和品酒。魏末,曾为建威参军,后被黜免。思想接近庄子,主张"无为而化",强调无为而治。《晋书》本传记载说,他经常乘鹿车,手里抱着一壶酒,命仆人提着锄头跟在车子的后面跑,并说道:"我若醉死,便就地把我埋葬了。"他嗜酒如命,放浪形骸由此可见。

张钦楠先生在《中国古代建筑师》一书中指出刘伶"以天地为屋宇,

4.竹林七贤、王羲之、陶渊明:魏晋风流与山水田园思想的启蒙者

[1] 张钦楠. 中国古代建筑师[M]. 北京:生活·读书·新知三联书店, 2008.

以屋宇为裈"高度概括性陈述了中国历代文人的建筑观。"以天地为屋宇"把大自然作为大建筑,使自己生活在自然中,非常符合我们今天所说的"生态绿色建筑"的概念和内涵;"以屋宇为裈"相对淡化我们直接居住和使用的建筑的分量,甚至把建筑视为衣服一样,可随取随舍,也符合我们今天所倡导的"循环经济"思想和理念。[1]

兰亭雅集:公共园林的滥觞

在"竹林七贤"悠游竹林1个世纪以后,以兰亭雅集为标志事件的公共园林开始产生。东晋永和九年(公元353年)农历三月三日,王羲之(图4-3)同谢安、孙绰等42人在绍兴兰亭修禊时,于会稽山阴之兰亭(今浙江省绍兴市西南十许公里处)举办了首次兰亭雅集。在这次集会中,众人饮酒赋诗,汇诗成集,共得诗37首,王羲之"微醉之中,振笔直遂",写下了千古名篇《兰亭集序》,记述了当时文人雅集的情景:

图4-3 王羲之

"永和九年,岁在癸丑,暮春之初,会于会稽山阴之兰亭,修禊事也。群贤毕至,少长咸集。此地有崇山峻岭,茂林修竹;又有清流激湍,映带左右,引以为流觞曲水,列坐其次。虽无丝竹管弦之盛,一觞一咏,亦足以畅叙幽情。是日也,天朗气清,惠风和畅,仰观宇宙之大,俯察品类之盛,所以游目骋怀,足以极视听之娱,信可乐也。

夫人之相与,俯仰一世,或取诸怀抱,悟言一室之内;或因寄所托,放浪形骸之外。虽趣舍万殊,静躁不同,当其欣于所遇,暂得于己,快然自足,曾不知老之将至。及其所之既倦,情随事迁,感慨系之矣。向之所欣,俯仰之间,已为陈迹,犹不能不以之兴怀。况修短随化,终期于尽。古人云:'死生亦大矣。'岂不痛哉!

每览昔人兴感之由,若合一契,未尝不临文嗟悼,不能喻之于怀。固知一死生为虚诞,齐彭殇为妄作。后之视今,亦犹今之视昔。悲夫!故列叙时人,录其所述,虽世殊事异,所以兴怀,其致一也。后之览者,亦将有感于斯文。"

高峻的山岭,茂盛的树林,修长的竹子,澄清的急流……在惠风和畅、茂林修竹之间,文人雅士或袒胸露臂,或醉意朦胧,魏晋名士洒笑山林,旷达萧散的神情发挥得淋漓尽致。兰亭修禊，使王羲之触悟山水之美、宇宙之玄和人生的真谛，在物我两忘的境界中，一气呵成，挥写下千古杰作《兰亭集序》。其中有二十多个"之"字，写法各不相同，宋代米芾称之为"天下第一行书"。董其昌在《画禅室随笔》中写道："右军《兰亭序》，章法为古今第一，其字皆映带而生，或小或大，随手所如，皆入法则，所以为神品也。"

兰亭雅集的基本内容有修禊（图4-4）、曲水流觞、饮酒赋诗、制序和挥毫作书等。王羲之等在举行修禊祭祀仪式后，大家坐在蜿蜒曲折的溪水两旁，在上流放置酒杯，任其顺流而下，杯停在谁的面前，谁即取饮，然后赋诗一首；若才思不敏，不能立即赋出诗来的话，那他就要被罚酒三斗，称为"曲水流觞"。

"曲水流觞"这种饮酒咏诗的雅俗历经千年盛传不衰，对后世影响很大（图4-5）。"曲水流觞"在中国古典园林中经历了长期的发展演变，作为园林景点在中国古典园林中频频出现，其表现形式愈加丰富多样，成为中国古典园林的代表景观之一。皇家园林中，隋炀帝曾建"流杯殿"、清代康乾两帝钦慕兰亭风雅，以兰亭曲水流觞事为主题，在御苑中多处设曲水流

图4-4 兰亭修禊图（北宋·李公麟）

4. 竹林七贤、王羲之、陶渊明：魏晋风流与山水田园思想的启蒙者

觞景点，如故宫宁寿宫花园禊赏亭、流杯渠、圆明园流杯亭、承德避暑山庄曲水荷香亭等。江南私家园林中苏州东山的"曲溪园"、留园的"曲溪"楼、曲园的"曲池"、"曲水亭"、"回峰阁"等均取"曲水流觞"之意。

在王羲之的兰亭雅集之后，曲水流觞景观朝着自然风景式和写意山水式两个风格方向发展。自然风景式的曲水流觞一般表现为流杯江、流杯池等形式，最著名当属唐代长安城的曲江池，"曲江流饮"后来被称为"关中八景"之一。写意山水式曲水流觞在景观意趣上反映着特定的生活，它在诗酒之外包含一种"众乐"或"与民同乐"的隐喻，虽同样标榜文人雅趣，却和许多文人强调隐逸的"独乐"意趣存有差别。故写意山水式曲水流觞一般见于皇家园林，某些地位显赫的寺庙园林和官僚贵族私家园林，以及地方官员为"与民同乐"而建的园林。从园林美学

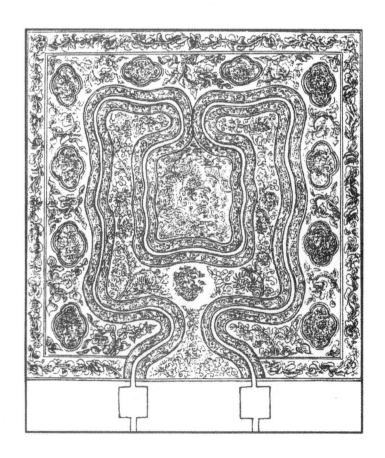

图4-5 《营造法式》书中的"国"字流杯渠

图4-6 曲水流觞

4. 竹林七贤、王羲之、陶渊明：魏晋风流与山水田园思想的启蒙者

的角度看,"曲水流觞"具有深远意境之美,融糅自然之美,行为动作之美,以及构景之美等园林美学特征(图4-6)。[1]

[1] 陈颖,陈其兵. 中国古典园林的精华——"曲水流觞"[J]. 中华文化论坛, 2007 (02).

"曲水流觞"这一园林形式,除了在中国,还深刻影响了韩、日两国园林。曲水流觞大约在公元485年显宗天皇时传入日本。《日本书纪》中说道:"元年三月上巳日,临幸后苑,行曲水宴",此后每逢三月三,天皇就在宫苑或者野郊设曲水宴。日本最早的曲水亭是飞鸟时代小垦田宫庭园的S形曲水,其后的曲水景如平城宫东院庭园、平城京内庭园、仙岩园的曲水庭、贺茂神社曲水庭等。

陶渊明:园林美学思想家

陶渊明(约公元365—427年),字元亮,号五柳先生,世称靖节先生,入刘宋后改名潜(图4-7)。东晋浔阳柴桑(今江西省九江市)人,东晋末期南朝宋初期诗人、文学家、辞赋家、散文家,作品有《饮酒》、《归园田居》、《桃花源记》、《五柳先生传》、《归去来兮辞》《桃花源诗》等。

图4-7 陶渊明

陶渊明曾任祭酒、镇军、参军、彭泽令,他五次出仕,而最后又以不能为五斗米折腰向乡里小儿般的洒脱,拂袖而去。他在诗词和人格上承继了阮籍、嵇康等人的传统,将隐逸思想发挥得更加淋漓尽致,被推为"古今隐逸诗人之宗",是田园诗派的开创者,诗风自然朴素,影响深远。陶渊明以自己的实际行动开创了以道家思想为其哲学基础的归隐田园、忘情山水,不与统治者合作的退隐式的人生道路,构建了传统文人士大夫的基本人生模式。如果说"阮籍、嵇康还只是标志着林泉之隐的开端,陶渊明则以其生命实践——隐居生活和诗歌创作——构建了林泉之隐的典型形态"。[2] 当代园林美学家金学智先生称其与唐朝白居易为"晋、唐著名的园林美学思想家,陶潜以其'归自然'的思想及笔下的田园风致,对后世的建园思想和园林境界、风格产生了重大的影响"。[3]

[2] 冷金成. 中国文学的历史与审美[M]. 北京:人民大学出版社,1997:110.

[3] 金学智. 中国园林美学[M]. 第2版. 北京:中国建筑工业出版社,2005.

在晋安帝义熙元年(公元405年),陶渊明辞去彭泽县令,回归故乡,自此不再出仕，一直过着躬耕自食的生活。也就是在此时，他写下了与仕途官场告别的宣言《归去来兮辞》，文中抒发了对以往出仕生活的追悔，表达了对"富贵非吾愿，帝乡不可期。怀良辰以孤往，或植杖而耘耔。登东皋以舒啸，临清流而赋诗"的自由舒适生活的向往。"诚谬会以取拙，且欣然而归"，在他的躬耕隐居生活中，融自己的切身体会于诗中，平淡、自然、真淳、质朴，开创了中国田园诗的先河，其人格魅力为以后文人墨客所推崇。陶渊明笔下的田园之乐，成了古代文人士大夫的心灵家园。《归田园居五首》中写道：

"其一

少无适俗韵，性本爱丘山。误落尘网中，一去三十年。

羁鸟恋旧林，池鱼思故渊。开荒南野际，守拙归园田。

方宅十余亩，草屋八九间。榆柳荫后檐，桃李罗堂前。

暧暧远人村，依依墟里烟。狗吠深巷中，鸡鸣桑树颠。

户庭无尘杂，虚室有余闲。久在樊笼里，复得返自然。

其二

野外罕人事，穷巷寡轮鞅。白日掩荆扉，虚室绝尘想。

时复墟曲中，披草共来往。相见无杂言，但道桑麻长。

桑麻日已长，我土日已广。常恐霜霰至，零落同草莽。

其三

种豆南山下，草盛豆苗稀。晨兴理荒秽，戴月荷锄归。

道狭草木长，夕露沾我衣。衣沾不足惜，但使愿无违。

其四

久去山泽游，浪莽林野娱。试携子侄辈，披榛步荒墟。

徘徊丘垄间，依依昔人居。井灶有遗处，桑竹残朽株。

借问采薪者：此人皆焉如？薪者向我言：死没无复余。

一世异朝市，此语真不虚。人生似幻化，终当归空无。

其五

怅恨独策还，崎岖历榛曲。山涧清且浅，遇以濯我足。

漉我新熟酒，只鸡招近局。日入室中暗，荆薪代明烛。

欢来苦夕短，已复至天旭。"

陶渊明摈弃了对社会功名利禄的追求，在平凡的农村田园生活中保持了自己的节操，获得心灵上的解脱。弹琴、赋诗、饮酒、耕耘，深刻体现了文人士大夫的率真和亲近自然，热爱自然的本性。山丘、林泉、池鱼、狗吠、鸡鸣，构筑了文人士大夫的生命之韵，他们借田园生活的适意来表达隐居不仕的高致，淳朴宁静中反衬出诗人对老庄哲学崇尚自然的追求。"采菊东篱下，悠然见南山"，则成为诗人悠闲安静的田园生活的真实写照；篱下采菊，南山隐现，诗人完全把田园耕作生活审美化，自我慰藉且乐在其中。长期的农村生活使他接近劳动人民，对生活有了更深刻的体验。

他的诗文多半描写农村日常生活，表现农村的自然景色及美好风光，反映诗人闲适平淡的心情与不愿和统治阶级同流合污的高尚情操，此种心境我们在《桃花源记》中便可窥见：

"晋太原中，武陵人捕鱼为业，缘溪行，忘路之远近。忽逢桃花林，夹岸数百步，中无杂树，芳草鲜美，落英缤纷，渔人甚异之；复前行，欲穷其林。林尽水源，便得一山，山有良田美池桑竹之属，阡陌交通，鸡犬相闻。其中往来种作，男女衣着，悉如外人；黄发垂髫，并怡然自乐。见渔人，乃大惊，问所从来，具答之，便要还家，设酒杀鸡作食，村中闻有此人，咸来问讯。自云先世避秦时乱，率妻子邑人，来此绝境，不复出焉；遂与外人间隔。问今是何世，乃不知有汉，无论魏、晋。此人一一为具言所闻，皆叹惋。余人各复延至其家，皆出酒食。停数日辞去，此中人语云：'不足为外人道也！'既出，得其船，便扶向路，处处志之。及郡下，诣太守说此。太守即遣人随其往，寻向所志，遂迷不复得路。南阳刘子骥，高士也，闻之，欣然归往，未果，寻病终。后遂无问津者。"

《桃花源记》是陶渊明晚年的传世之作，约作于南朝宋永初二年（公元 421 年），时年 57 岁。陶渊明经过长时期的躬耕隐居，对田园生活和

图4-8 桃花源图轴（明·文徵明）

4. 竹林七贤、王羲之、陶渊明：魏晋风流与山水田园思想的启蒙者

农村淳厚纯朴的风土人情,有着深切的体验和了解。在《桃花源记》中,作者以神秘、优美的笔调为我们展示了一个与黑暗社会现实截然不同的乐土,通过对环境优美、安详静谧、物产丰饶、自给自足、平等随意、和睦相处的世外桃源自然景物和乡村生活的描述,表达了诗人对理想社会生活的企盼和向往。

《桃花源记》构思精妙,具有独特的艺术风格和引人入胜的艺术魅力,语言平淡自然,优美洗练,为我们的审美观提供了一个平淡、恬静的田园境界,也为后世的思想、艺术以及园林立意营造、园林风格产生了很大的影响(图4-8、图4-9)。

在中国的古典园林中常以陶渊明的诗文为题材营造园林,或为题目、景名,或取其意境(图4-10),如:

北京:
圆明园的武陵春色(《桃花源记》)
颐和园的夕佳楼,圆明园的夕佳书屋(山气日夕佳,飞鸟相与还《饮酒》)
南京:
煦园的夕佳楼(山气日夕佳,飞鸟相与还《饮酒》)

图4-9 桃花源图(明·丁云鹏)

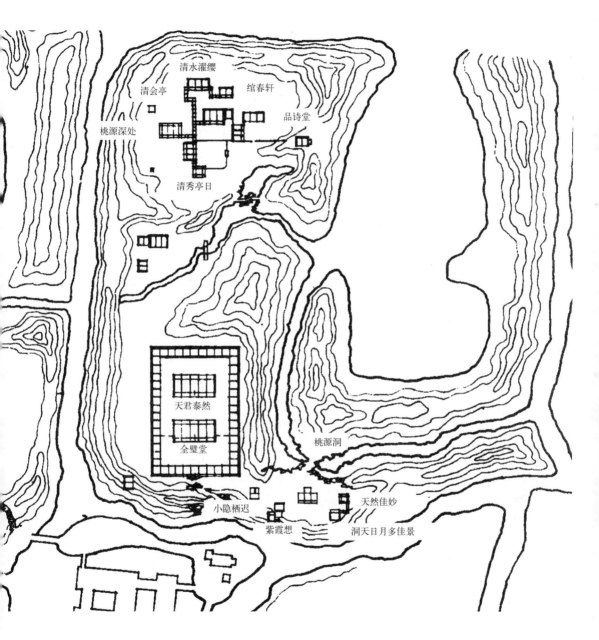

图4-10　圆明园武陵春色平面图

4. 竹林七贤、王羲之、陶渊明：魏晋风流与山水田园思想的启蒙者

承德：

避暑山庄的真意轩（此中有真意，欲辩已忘言《饮酒》）

苏州：

拙政园的归田园居（《归园田居》五首）；

拙政园的见山楼（采菊东篱下，悠然见南山《饮酒》）

五柳园（《五柳先生传》）

耦园的爱吾亭（众鸟欣有托，吾亦爱吾庐）

留园的还我读书斋（既耕且已种，时还读我书）

扬州：

寄啸山庄的容膝园（倚南窗以寄傲，审容膝以易安《归去来兮辞》）

上海、泰州：

日涉园（园日涉以成趣，门虽设而常关《归去来兮辞》）

日本京都市

金阁寺的园林夕佳亭（山气日夕佳，飞鸟相与还《饮酒》）

白沙村庄庭院的夕佳门（山气日夕佳，飞鸟相与还《饮酒》）

5. 石崇、谢灵运：
两晋士族庄园别墅的建造者

> 魏晋六朝是一个转变的关键，划分了两个阶段。从这个时候起，中国人的美感走到了一个新的方面，表现出一种新的美的理想。那就是认为"初发芙蓉"比之于"错彩镂金"是一种更高的美的境界。
>
> ——宗白华 [1]

[1] 宗白华. 美学散步 [M]. 上海：上海人民出版社，1999.

魏晋南北朝时期，财产私有制化更为严重，统治阶级内部财富不均，氏族豪强能够与皇室分庭抗礼，朝廷上下敛聚财富，荒淫奢靡之情形蔚然成风。东汉时期发展起来的庄园经济在这一时期也已经完全成熟。封建士族们经营庄园或风景式园林，供己享用，造园活动日益兴盛起来。园林也成为他们权力和财富的象征，甚至成为他们彼此争强斗富的资本。

这个时期最著名的私家庄园有西晋石崇的金谷园和东晋南朝刘宋时期谢灵运祖孙的始宁园，分别代表了魏晋以来"错彩镂金"和"初发芙蓉"两种迥异的美学理想和审美情趣。

石崇：金谷园里的奢华生活

石崇，生于公元249年（曹魏齐王正始十年），卒于公元300年（西

图5-1 金谷园局部（明·仇英）

晋惠帝永康元年），字季伦，西晋青州（今山东省潍坊市）人。晋武帝时任荆州刺史，后拜太仆出为征虏将军。为官二十余年，攫取了无数的财富，当时无人能与之相匹敌，史书称其"财产丰积，室宇宏丽，后房数百，皆曳纨绣、珥金翠。丝竹尽当时之选，庖膳穷水陆之巧"（《晋书·石崇传》），生活极为奢华。

《世说新语》中曾形象地记载了他与晋武帝的舅父大官僚王恺争豪斗富的情形，后世常将石崇视作豪富的象征，金谷园也成了奢华园林的代称。

石崇的金谷园是当时北方著名的庄园别墅，石崇晚年辞官后，以金谷园作为居住之所，安享山林之趣。金谷园的遗址，北魏郦道元《水经注》中有一段文字记载："谷水又东，左会金谷水。水出太白原，东南流历金谷，谓之金谷水，东南流经晋卫尉卿石崇之故居也。"按文中的描述，金谷园大约在今洛阳市东北10公里，孟津县境内的马村、左坡、刘坡一带。

抛开其奢侈挥霍的一面，石崇在魏晋南北朝文学史上也占有一席之地。在石崇的文学作品中，以描述他居住的"河阳别业"即金谷园的作品为多。如《思归引》序文中，对此园情景和对辞官后安享山野之乐的心态作了很好的描述：

"余少有大志，夸迈流俗，弱冠登朝，历位二十五。年五十以事去官，晚节更乐放逸，笃好林薮，遂肥遁于河阳别业。其制宅也，却阻长堤，前临清渠，柏木几于万株，流水周于舍下。有观阁池沼，多养鸟鱼。家素习伎，颇有秦赵之声。则出以游目弋钓为事，入则有琴书之娱。又好记服食咽气，志在不朽，傲然有凌云之操。"

金谷园随地势高低筑台凿池，筑园建馆。园内金谷水萦绕穿流其间，水声潺潺，宛然一座天然水景园。园中楼榭亭阁，错落有致，清泉茂树，鸟鸣清幽。"金谷春晴"誉为洛阳八大景之一，在历代咏叹金谷园的众多诗文中，唐代诗人杜牧的《金谷园》流传最广："繁华事散逐香尘，流水无情草自春。日暮东风怨啼鸟，落花犹似坠楼人。"

元康六年（公元296年），石崇在金谷园举行盛宴，以为文酒之会，召集文人聚会,与当时的文人左思、潘岳等24人结成诗社,史称"金谷二十四友"。同年,征西大将军祭酒王诩从洛阳还长安,石崇在金谷园中为王诩设宴饯行。王诩一行及石崇亲朋好友欢聚一堂,从清晨到深夜,游乐饮宴不绝。临别之前,石崇又设大宴,令与会所有宾客赋诗述怀,宴后把所赋诗篇录为一集,命名为《金谷集》,金谷宴集也被世人传为佳话,石崇亲作《金谷诗序》以记其事:

"余以元康六年,从太仆卿出为使持节监青、徐诸军事、征虏将军。有别庐在河南县界金谷涧中,去城十里,或高或下,有清泉茂林,众果竹柏、药草之属。金田十顷,羊二百口,鸡猪鹅鸭之类,莫不毕备。又有水碓、鱼池、土窟,其为娱目欢心之物备矣。时征西大将军祭酒王诩当还长安,余与众贤共送往涧中。昼夜游宴,屡迁其坐。或登高临下,或列坐水滨。时琴瑟笙筑,合载车中,道路并作。及住,令与鼓吹递奏。遂各赋诗,以叙中怀。或不能者,罚酒三斗。感性命之不永,惧凋落之无期。故具列时人官号、姓名、年纪,又写诗著后。后之好事者,其览之哉!凡三十人,吴王师、议郎、关中侯、始平武功苏绍,字世嗣,年五十,为首。"

译文如下:

我在元康六年,从太仆卿外任为使持节监青、徐诸军事、征虏将军。有别居在河南县界金谷涧中,离城有十里。居处有的地方高,有的地方低,还有清澈的泉水、繁茂的树木,及各种果树竹子松柏草药之类。善田十顷,羊二百只,鸡猪鹅鸭之类的,没有不具备的。此外还有水碓、池塘、土窟,用来赏心悦目的东西都具备了。

在其时,征西大将军祭酒王诩要回长安,我和诸贤人一同送他,往涧中。白天黑夜的游宴,并且多次变动地方。有时登高临下,有时分序坐在水边。有时把演奏音乐的乐人一起载在车中,道路并作。等到到达后,令乐人即鼓吹乐依次奏乐。于是便都赋诗来记述心中感怀。又不能做成的,罚酒三斗。感叹道生命的短暂,害怕死亡的没有预知。于是列当时与人的官位称号、姓名、年纪,又写诗在后面。后世的爱好诗文的人,可以尽情阅读啊。游宴的一共有三十人,吴王的老师、议郎、关中侯、始平

图5-2 谢灵运庐山观莲图
(清·上官周)

武功苏绍,字世嗣,五十岁了,是其中为首的。

50年后的永和九年(公元353年),书圣王羲之邀集文人雅士42人,在绍兴兰亭"流觞曲水,畅叙幽情"。中国古典园林中,曾有"南兰亭,北金谷"之说,随金谷宴集与兰亭雅集后而分别诞生了文学经典《金谷诗序》与《兰亭集序》,《金谷诗序》文章设色艳丽,富贵豪奢,《兰亭集序》着笔淡雅,雅致高逸,反映了不同阶层的两晋文人迥异的人生选择和文学表达。但从字面意思来看"兰亭、金谷","宴集、雅集",我们也不难看中"官方"与"民间"两个文学集会的差异。[1]

[1] 刘庆华. 从《金谷诗序》《兰亭集序》看两晋文人的生存选择与文学选择[J]. 广州大学学报(社会科学版),2006(03).

谢灵运与始宁别墅

大约比陶渊明晚20年,谢灵运的山水诗开始兴起。谢灵运(公元385—433年),汉族,浙江会稽人(今绍兴)。东晋名将谢玄之孙,小名"客",人称谢客,又以袭封康乐公,称谢康公、谢康乐。创作活动大多在刘宋时代,主要成就在于山水诗,中国文学史上山水诗派的开创者。曾自诩自己的文采为"天下才共一石(即十斗),子建(即曹植)独占八斗,吾占一斗,天下才共分一斗"。谢灵运于元嘉间奉诏撰《晋书》,《隋书·经籍志》著录36卷,已佚。《隋书·经籍志》又著录有《谢灵运集》19卷,已佚。明代张溥辑有《谢康公集》2卷,收入《汉魏六朝百三家集》,另有明代李献吉等辑刻的《谢康乐集》。诗歌代表作如《登池上楼》等。谢灵运除诗歌外还有赋10余篇,其中《山居赋》、《岭表赋》、《江妃赋》等比较有名。

关于谢灵运山水诗的美学思想,《南史·颜延之传》评价曰:"延之尝问鲍照:己与谢灵运优劣?照曰:'谢五言诗如初发芙蓉,自然可爱。君诗如铺锦列绣,亦雕缋满眼。'延年终身病之。"钟嵘《诗品》:"汤沐休曰:'谢诗如芙蓉出水,颜如错采镂金。'颜终身病之。"著名美学家宗白华先

图5-3 江山行旅图卷(北宋·佚名)

生在《美学散步》中指出"错彩镂金"和"芙蓉出水"代表了中国美学史上两种不同的美感或美的理想。[1]

[1] 宗白华.美学散步[M].上海：上海人民出版社，1999.

谢灵运出身名门士族，为东晋名将谢玄的孙子，这是与其他士大夫隐居性质不同的。作为"山水诗鼻祖"，出身显赫的谢灵运是名士，却不是隐士，这一点我们在《登江中孤屿》中便不难看出作者的生命历程："江南倦万揽，江北旷周旋。怀新道转还，寻异景不延。"江南名胜都已玩倦了，江北也早已周游，想到新的地方只觉得路途太遥远，为寻求新的景致只抱怨日光不逗留（图5-2、图5-3）。

谢灵运好营园林，喜游山水，与族弟谢惠连、东海何长瑜、颍川荀雍、泰山羊璿之，以文章赏会，共为山泽之游，时人谓之四友。为了更方便地游览山水，特制作出一种"上山则去前齿，下山去其后齿"的木屐，后人称之为"谢公屐"（图5-4）。他凭借家族的权力和财资，遍游各地，对山水名胜作了生动形象描摹：

图5-4　谢公屐

《过始宁墅诗》

束发怀耿介。逐物遂推迁。违志似如昨。二纪及兹年。缁磷谢清旷。疲薾惭贞坚。拙疾相倚薄。还得静者便。剖竹守沧海。枉帆过旧山。山行穷登顿。水涉尽洄沿。岩峭岭稠叠。洲萦渚连绵。白云抱幽石。绿筱媚清涟。葺宇临回江。筑观基曾巅。挥手告乡曲。三载期归旋。且为树枌槚。无令孤愿言。

5. 石崇、谢灵运：两晋士族庄园别墅的建造者

《登池上楼诗》

潜虬媚幽姿。飞鸿响远音。薄霄愧云浮。栖川怍渊沉。进德智所拙。退耕力不任。徇禄反穷海。卧疴对空林。衾枕昧节候。褰开暂窥临。倾耳聆波澜。举目眺岖嵚。初景革绪风。新阳改故阴。池塘生春草。园柳变鸣禽。祁祁伤豳歌。萋萋感楚吟。索居易永久。离羣难处心。持操岂独古。无闷征在今。

位于会稽始宁县（今浙江上虞）的始宁园是谢玄、谢灵运祖孙所经营的山居别业，主要是谢玄、谢灵运祖孙二人所营造。据郦道元《水经注》载："峙山东北太康湖，晋车骑将军谢玄旧居所在。右滨长江，左傍连山，平陵修通，澄湖远镜，于江曲起楼，楼侧悉是桐梓，森耸可爱，居民号为桐亭楼。楼两而临江，尽升眺之趣。舟人渔子，泛滥满焉。湖中筑路，东出趋山，路甚平直。山有三精舍，高薨凌云，垂檐带空，俯眺平林，烟杳在下。江有琵琶圻，临江有石床，名钓鱼台。"《宋书·谢灵运传》："（谢）灵运父祖并葬始宁县，并有故宅及墅，遂移籍会稽，修营别业，傍山带江，尽幽居之美。与隐士王弘之、孔淳之等纵放为娱，有终焉之志。""谢家"、"始宁墅"便成为后世常见于文学诗词中的典故，具有归隐之所和幽居之美的寓意。

谢灵运的祖父谢玄是威震当世的车骑将军，谢灵运的父亲早亡，谢玄所建主要是在南山，宅前临江，隔岸见山，尽开眺之美。当年谢灵运就出生于此宅之中。在任上他遍历名山大川，肆意遨游后，称疾去职，回到了始宁故里，并开始扩建山居。经营新居之际，谢灵运亲自涉水登岭，规划布置。

谢灵云所作的《山居赋》中对于自己的始宁别墅和周围各种植物的细致描写已远远超出其在文学上的价值，为我们对当时山水园的研究提供了很宝贵的资料。

"敬承圣诰，恭窥前经。山野昭旷，聚落膻腥。故大慈之弘誓，拯群物之沦倾。岂寓地而空言，必有贷以善成。钦鹿野之华苑，羡灵鹫之名山。企坚固之贞林，希庵罗之芳园。虽粹容之缅邈，谓哀音之恒存。建招提于幽峰，冀振锡之息肩。庶灯王之赠席，想香积之惠餐。事在隔而思通，理匪绝而可温。

爰初经略，杖策孤征。入涧水涉，登岭山行。陵顶不息，穷泉不停。栉风沐雨，犯露乘星。研其浅思，罄其短规。非龟非筮，择良选奇。翦榛开径，寻石觅崖。四山周回，双流逶迤。面南岭，建经台；倚北阜，筑讲堂。傍危峰，立禅室；临浚流，列僧房。对百年之高木，纳万代之芬芳。抱终古之泉源，美膏液之清长。谢丽塔于郊郭，殊世间于城傍。欣见素以抱朴，果甘露于道场。"

遍览天下山水，深悟"惟丘园是归宿，唯隐中有乐趣"的谢灵运在始宁找到了他理想的安身立命之处。在这里皈依佛道、超脱尘世、寄情山水、远离政治，其退隐与"身在江湖，心存魏阙"者不同，其经营山居与其祖父谢玄华丽气魄亦不同。这里没有以往苑囿的田猎喧嚣，亦无府邸园林的金碧辉煌，处处可感受到一种自然亲切，山水幽邃，室庐恬静，顺应自然的情趣。谢灵运在《山居赋》里详尽地描写了扩建后的始宁园的景观以及陶醉其间的消散生活。《山居赋》作为魏晋南北朝山水诗文的代表作品之一，不仅对于大自然山川风貌有较细致的描写，而且还涉及卜宅相地、选择基址、道路布设、景观组织等方面的内容。这些都是汉赋中所未曾有的创新之见，是风景式园林升华到一个新阶段的标志，与当时开始发展起来的风水堪舆学说密切相关。[1]

[1] 储兆文. 中国园林史[M]. 上海：东方出版中心，2008.

谢灵运的山居营建于山林中，除了将小部分森林开垦为良田、果园和菜圃，大部分地区尚未经过人工改造和干预，仍然保留了自然的原始风貌，具有丰富的野生植物、矿物。这里四面环山，气候温和，物产丰富，清新静谧，奇木佳卉，沁人心脾……在这样朴实无华的环境成为主人抒发感情和寄托幽思的场所，在这里既可以为退隐生活提供物质资源保障，又可以满足他游览山水、亲近自然的精神需求。

谢灵运所扩建的山居在谢玄旧宅之北，两处相距约3里，有水陆两路相通。自江楼旧宅前往，走陆路须跨山越岭，绵亘田野，途中景致美观悦目。由新居循水路返回则可过北山栈道，下石磴，泛舟而行，可见洲岛相连，平湖澄渊皆有异趣。所以谢灵运称此为"水通陆阻"。南北两居的周围，东有上田下湖，西溪南谷，石径黄竹，飞泉高树。南为双流三洲，青林激波，白沙生涟。竹缘浦以被绿，石照涧而映红，月隐山而成荫，木鸣柯而起风。因而谢灵运经常扶杖四游、乐而忘返。

在《山居赋》这篇近 4000 字的韵文中，他对始宁别墅一带的自然环境作了综合性的描述，除了山川地形和季节变化等写得十分细致外，在谢灵运笔下，山居山区森林茂密、古木参天，动植物种类繁多，仅文中出现具体名称的乔灌木就有约 38 种，陆生草本植物 44 种，水生植物 18 种，竹类 10 种，动物约 53 种。[1] 正如谢灵运所言："草、木、竹，植物。鱼、鸟、兽、动物。兽有数种，有腾者，有走者。走者骋，腾者透。谓种类既繁，不可根源，但观其貌状，相其音声，则知山川之好。"

经营始宁庄园主要在第一次回乡隐居期间，谢经历 20 年左右坎坷的仕途生活后，年近 40 回乡隐居。隐逸于山居之内不问世事，以求独善其身，"谢平生于知游，栖清旷于山川"，隐居期间，创作诗文颇丰，今存有《会吟行》、《田南树园激流植援》、《石壁立招提精舍》、《石壁精舍还湖中作》、《南楼中望所迟客》、《石门新营所住四面迥溪石濑茂林修竹》、《述祖德诗》等诗篇。

[1] 王欣，胡坚强. 谢灵运山居考[J]. 中国园林，2005（8）.

6. 王维：
盛唐山水诗、山水画、山水园林的集大成者

味摩诘之诗，诗中有画；
观摩诘之画，画中有诗。

——苏轼《东坡题跋·书摩诘蓝田烟雨图》

盛唐所令人向往的并不仅仅是诗歌艺术的黄金时代，诗歌艺术与琴棋书画等艺术的有机融合以及开明的政治、富庶的生活、深厚的历史文化底蕴……盛唐的辉煌永远都使我们感到骄傲和自豪。随着唐代诗论中"意境"这一美学范畴的首先提出，"一切景语皆情语"诗中有画，画中有诗，一木一石，总关乎情，情景交融，相互渗透，园林艺术所追求的如诗如画的艺术境界由此滥觞。风花雪月、林泉山石成了文人士大夫触景生情、托物言志的载体。园林艺术正是在这样的社会文化氛围的影响下步入了辉煌的成熟时期，其发展也就具有了自己最显著的特点。

诗、画、字、音律、园林等艺术形式自然有机地融为一体，成为文人墨客所津津乐道的一种生命情怀。自然山水充满了无限的生命和乐趣，它们在诗人笔下显得更富有蓬勃生机和活脱的意趣。他们长期过着隐居生活，同花草树木、日月天地同宿，标举山水林闲之趣成了其主要精神寄托。大批文人墨客的介入，使祖国的自然山水流露笔端，大放异彩的同时，为我国以山、水为最基本要素的古典园林的发展提供了最为广阔的文化背景。这一时期的名园记也有不少，著名的如白

居易的《草堂记》、《池上篇》，李德裕的《平泉山居草木记》，王维的《辋川集》、《终南别业》，卢鸿的《十志诗》等，都对山水园林情形作了详细的记录。

王维（公元701—761年），字摩诘，外号"诗佛"，汉族，祖籍山西祁县，出生于一个强盛的士族之家（图6-1）。盛唐时期的著名诗人、画家，诗、文、书、画齐名，且精通音律。他创造了水墨山水画派，对山水画贡献极大，被称为南宗画之祖。苏轼评价说"味摩诘之诗，诗中有画；观摩诘之画，画中有诗"。董其昌在《画禅室随笔》中称其画意"摩诘所谓云峰石迹，迥出天机；笔意纵横，参乎造化者"。

图6-1 王维

开元九年（公元721年）20岁中进士，任太乐丞，因伶人舞黄狮子受累，贬为济州司仓参军。开元二十五年（公元737年）奉命出塞，为凉州河西节度幕判官。安史之乱被捕后被迫出任伪职，战乱平息后，因乱中曾写过思慕天子的诗，加上当时任刑部侍郎的弟弟恳请将其官职等换其兄性命等缘由，王维幸免于难，受贬官处分。其后，官至尚书右丞，世称"王右丞"。王维前期得名相张九龄赏识，仕途顺利，后张九龄罢相，无意仕途，约在40岁前后便过起亦官亦隐的生活，初隐终南别业，晚年吃斋念佛，对名利十分淡薄。上元二年（公元761年）七月，诗人离开了人间，他被安葬在他曾经生活了多年的辋川别业旁清源寺西（今鹿苑寺）。

王维早年丧父，母亲崔氏"师事大照禅师三十余年，大照即北宗神秀的弟子"，奉佛三十余载，王维和弟弟从小就受到家庭信仰的熏陶和影响。这对王维后半生之避世与吃斋修佛影响极大。佛经《维摩诘经》，是智者维摩诘向弟子讲学之书，王维的名和字取于此。在中国古代文人中，王维被尊称为"诗佛"，是离佛门最近的一位。

王维今存诗400余首，最能代表其创作特色的是描绘山水田园等自然风景及歌咏隐居生活的诗篇。他继承和发展了陶渊明、谢灵运开创的田园诗、山水诗的风格，是唐代山水田园派的代表，与孟浩然并称，在文学史上称他与孟浩然同为"隐逸诗派"的代表人物，也称为"王孟"。李泽厚认为，王维的那些作品，"比起庄、屈来，便具有一种充满机巧的智慧美。它们以似乎顿时参悟某种奥秘,而启迪人心,并且是在普通人和普通的景物,境遇的直感中,为非常一般的风花雪月所提供、所启悟"[1]。

由于母亲早期的影响和仕途蹭蹬,加之魏晋时期的山水诗经过审美意象的创造和禅理的融汇,使"中岁颇好道"的王维诗风发生了很大的变化。他在《终南别业》中写道:"中岁颇好道,晚家南山陲。兴来每独往,胜事空自知。行到水穷处,坐看云起时。偶然值林叟,谈笑无还期。"诗中把退隐后自得其乐的闲适情趣刻画得形象生动。

辞官后的王维在宋之问辋川山庄的基础上营建园林,改建而成为最著名的规模最大的文人园[2]。辋川别业在陕西蓝田县南辋谷内,辋谷是一条狭长的峡谷,长二十余华里,成西北—东南走向。《蓝田县志》卷六说:"辋川口即山之口,去县南八里,两山对峙,川水从此流入霸,其路则随山麓凿石为之,约五里,甚险狭,即所谓扁路也。过此则豁然开朗,此第一区也,团转而南凡十三区,其胜渐加,约三十里至鹿苑寺,则王维别墅。辋川之川,大抵为平川之意,盖系沿辋水而形成的一道山中平川,故称辋川。"我国著名园林学家汪菊渊先生指出:"王维的着意经营别业,重在突出自然美,使山茂水态林姿的美更加集中地突出地表现出来,仅在可歇处、可观处、可借景处,相地面筑宇屋亭馆,创作成既富自然之趣,又有诗情画意的居住、休息、游玩、观赏的境域,这样的别业我们称之为自然园林式别业。"[3]

王维对辋川别业的规划修葺颇费心思,别业建成后辋川别业不仅是王维园居生活的山水庄园,也是王维晚年生活的精神家园。王维在其61年的生活历程中,仅在蓝田辋川,就生活了近20年,并终老辋川。

王维在这里与好友裴迪弹琴、赋诗、学佛、绘画,各写成20首诗,结集为《辋川集》,分别描述了辋川别业文杏馆、鹿柴、临湖亭、金屑泉等20个景点的情况。《辋川集·序》:"余别业在辋川山谷,其游止有孟城坳、华子冈、文杏馆、斤竹岭、鹿柴、木兰柴、茱萸泮、宫槐陌、临湖亭、南垞、欹湖、柳浪、栾家濑、金屑泉、白石滩、北垞、竹里馆、辛夷坞、漆园、椒园等,与裴迪闲暇,各赋绝句云尔。"

[1] 李泽厚. 李泽厚十年集[M]. 合肥:安徽文艺出版社,1994.

[2] 童寯. 造园史纲[M]. 北京:中国建筑工业出版社,1983.

[3] 汪菊渊. 中国古代园林史[M]. 北京:中国建筑工业出版社,2006.

[1] 汪菊渊. 中国古代园林史[M]. 北京：中国建筑工业出版社，2006.

根据传世的《辋川集》中王维和同代诗人裴迪所赋绝句，对照后人所摹的《辋川图》，可以把辋川别业大致描述如下：[1]

辋川集•孟城坳

新家孟城口，古木余衰柳。

来者复为谁，空悲昔人有。

从山口入，迎面是"孟城坳"，为王维的居住之处，坳背山冈叫"华子冈"，山势高峻，为辋川最高点，林木森森，植被以松和秋色树为主。

辋川集•华子冈

飞鸟去不穷，连山复秋色。

上下华子冈，惆怅情何极。

越过山冈，背岭面湖的地方有山野茅庐建筑文杏馆，现有王维手植文杏树一棵，树干高大，枝繁叶茂（图6-2）。

辋川集•文杏馆

文杏裁为梁，香茅结为宇。

不知栋里云，去作人间雨。

文杏馆后崇岭高起，岭上遍种竹子，题名"斤竹岭"，这里密蔽清幽，虽有山路与外界相连，但连常常上山砍柴的农夫都不曾知道此处。

辋川集•斤竹岭

檀栾映空曲，青翠漾涟漪。

暗入商山路，樵人不可知。

沿山路至人迹稀少的山中深处，因种植大量木兰花树，题名"木兰柴"。

图6-2 王维手植银杏树

辋川集•木兰柴

秋山敛余照，飞鸟逐前侣。

彩翠时分明，夕岚无处所。

溪流之源的山冈，跟斤竹岭对峙，题名"茱萸沜"。

辋川集•茱萸沜

结实红且绿，复如花更开。

山中傥留客，置此芙蓉杯。

翻过茱萸沜，为一谷地，谷地内一组建筑，题名"宫槐陌"。

  辋川集·宫槐陌

  仄径荫宫槐，幽阴多绿苔。

  应门但迎扫，畏有山僧来。

上行翻到岗岭深处，人迹罕至，题名"鹿柴"。

  辋川集·鹿柴

  空山不见人，但闻人语响。

  返景入深林，复照青苔上。

山冈下为"北垞"，盖有宇屋。

  辋川集·北垞

  北垞湖水北，杂树映朱阑。

  逶迤南川水，明灭青林端。

北垞的山冈尽处，峭壁陡立，壁下就是湖。从这里可舟渡到南宅、竹里馆等处。

  辋川集·欹湖

  吹箫凌极浦，日暮送夫君。

  湖上一回首，青山卷白云。

为了充分欣赏湖光山色，建有"临湖亭"。

  辋川集·临湖亭

  轻舸迎上客，悠悠湖上来。

  当轩对尊酒，四面芙蓉开。

沿湖堤岸上种植了柳树，题名"柳浪"。

  辋川集·柳浪

  分行接绮树，倒影入清漪。

  不学御沟上，春风伤别离。

"柳浪"往下，有水流湍急的"栾家濑"。

  辋川集·栾家濑

  飒飒秋雨中，浅浅石溜泻。

  跳波自相溅，白鹭惊复下。

离水南行复入山,有泉名"金屑泉"。

> 辋川集·金屑泉
>
> 日饮金屑泉,少当千余岁。
>
> 翠凤翊文螭,羽节朝玉帝。

山下谷地就是南垞。

> 辋川集·南垞
>
> 轻舟南垞去,北垞淼难即。
>
> 隔浦望人家,遥遥不相识。

从南垞缘溪下行到入湖口处,有"白石滩"。

> 辋川集·白石滩
>
> 清浅白石滩,绿蒲向堪把。
>
> 家住水东西,浣纱明月下。

沿山溪上行到"竹里馆"。

> 辋川集·竹里馆
>
> 独坐幽篁里,弹琴复长啸。

图6-3 辋川图

深林人不知,明月来相照。

此外,还有"辛夷坞"、"漆园"、"椒园"等胜处,因多辛夷(即紫玉兰)、漆树、花椒而命名。

辋川集·辛夷坞

木末芙蓉花,山中发红萼。

涧户寂无人,纷纷开且落。

辋川集·漆园

古人非傲吏,自阙经世务。

偶寄一微官,婆娑数株树。

辋川集·椒园

桂尊迎帝子,杜若赠佳人。

椒浆奠瑶席,欲下云中君。

王维还画了一副《辋川图》长卷,对辋川的20个景点作了生动细

6. 王维:盛唐山水诗、山水画、山水园林的集大成者

致的描绘（图6-3）。辋川图是画家晚年隐居辋川时所作。画面群山环抱，树林掩映，亭台楼榭，古朴端庄，云水流逝、舟楫过往中，淡泊超凡的意境给人精神上的陶冶和身心上的审美愉悦。元代汤后士在其所著《画鉴》中说："其画《辋川图》，世之最著也。"此图的真迹已经失传，现存的是后人的摹本（图6-4）。

《辋川集》代表了盛唐的山水田园诗，然而，这些优秀的山水田园诗却往往并不是山水田园的简单描绘，正如李渔所说"辋川字句，字字入禅"是这些禅意盎然，平易闲淡的诗句，创造出了清幽静寂的诗歌意境，读来使人流连忘返，回味无穷。王维最受人重视和对后人影响最大的并不是他的前期诗作，而是他隐居终南、辋川时的"入禅之作"和对山水画的继承与发扬。当然，最先感谢的应是终南山的钟灵毓秀和辋川别业的清新雅致。

王维与裴迪悠游于辋川其间，往还唱和，在此弹琴绘画赋诗论佛，尽情享受着大自然的馈赠。裴迪早年与王维过从甚密，晚年居辋川、终南山，成了王维生命中不可或缺的两人之一，另一人为弟弟王缙。但裴迪诗留存甚少，多是与王维的唱和应酬之作，除《辋川集》外，《辋川杂咏》组诗是裴迪的代表作。

王维在大量的诗作中也道出了园居生活的闲情逸致和辋川一带的风景人物：

"夜登华子岗，辋水沦涟，与月上下。寒山远水，明灭林外。深巷寒犬，吠声如豹。林墟夜春，复与疏钟相间，此时独坐，童仆静默，多思曩者，携手赋诗。步仄轻，林清疏也。当代春中草木蔓发，露湿清皋，麦垄朝，斯之不远，倘能从我游乎？非子机清妙者，岂能以此不急之务相邀？然事

图6-4 元·赵孟頫（传）摹王维辋川诸胜图，绢本设色（大英博物馆藏）

中有深趣矣。"

——《山中与裴秀才迪书》

采菱渡头风急，策杖村溪月斜，杏树坛边渔父，桃花源里人家。

——《田园乐》之一

桃花复宿雨，柳绿更带早烟雨。花落家童未扫，鸟啼山客犹眠。

——《田园乐》之一

中岁颇好道，晚家南山垂。兴来每独往，胜事空自知。行到水穷处，坐看云起时。偶然值林叟，谈笑无还期。

——《终南别业》

空山新雨后，天气晚来秋。明月松间照，清泉石上流。竹喧归浣女，莲动下渔舟。随意春芳歇，王孙自可留。

——《山居秋暝》

人闲桂花落，夜静春山空。月出惊山鸟，时鸣春涧中。

——《鸟鸣涧》

　　自然山水充满了无限的生命和乐趣，它们在王维笔下显得更富有蓬勃生机和活脱的意趣。这些诗中，王维由于长期过着隐居生活，以他被大自然激发起的惊喜、园居生活的闲适、潇洒的用心去体会景物，细致地描绘着它们本真的声息和色彩，从而也形成了王维对自然独特的审美情趣。明朝胡震亨引《震泽长语》说王维"以淳古淡泊之音，写山林闲适之趣"便指出了这一点。在此期间辋川别业、《辋川集》、《辋川图》的问世，充分显示出了在我国唐朝时期山水园林、山水诗、山水画的相互交融。"王维以诗人和画家的艺术思维、审美眼光关照和描写园林，

他的景物取舍,充分体现了他的尚雅情趣;他所注重的从园林的平面和立体构图、景物的远近、因借、层次、虚实、动静、色彩等等角度观察,尤其是融入诗性的感悟和联想发挥,使他成为当时最能妙解园林艺术的诗人之一。"[1]

此外,王维还是我国盆景艺术史上山石蕙兰盆景的创始人,兰花盆栽最早的文字记载是冯贽《记事珠》中所云:"王维以黄瓷斗贮兰蕙,养以绮石,累年弥盛。"王维首创黄瓷斗蕙兰附石盆景,使得山石盆景艺术形式与诗词、书、画、园林、赏石等文化艺术相融合,成为浓缩的园林艺术,兼具了园林的诗情画意和文化内涵。

[1] 李亮伟. 涵咏大雅——王维与中国文化[M]. 北京:中华书局, 2003.

7. 白居易：
中唐文人造园家和园林美学思想家

> 新昌小院松当户，履道幽居竹绕池。
> 莫道两都空有宅，林泉风月是家资。
>
> ——白居易《吾庐》

唐朝，文人士大夫参与造园，并享园居之乐，琴、棋、书、画、品茗、饮酒、作诗、赋词已成为一种文化现象。在营造园林或园居生活中，他们完成了自己思想的成熟和自由人格的定位，从而获得了心灵上的彻底解脱。在众多文人雅士中，白居易便是典型的一位。

白居易（公元772—846年），汉族，字乐天，祖籍山西太原，出生于河南新郑（今郑州新郑）的中小官僚家庭（图7-1）。因晚年长期居住在洛阳香山，故号"香山居士"。中唐时期藩镇战乱，白居易12岁离家过了五、六年颠沛流离的生活。贞元十六年（公元800年）28岁中进士，十九年春，授秘书省校书郎。元和二年（公元807年）十一月授翰林学士，次年任左拾遗，元和十年，因率先上书请急捕刺杀武元衡凶手，被贬江州（今江西九江）司马，第二年写下《琵琶行》，思想发生重大转折，开始"吏隐"。长庆二年（公元822年）请求外放，先后为杭州、苏州刺史。文宗大和元年（公元827年）拜秘书监，次年转刑部侍郎，后历河南尹、太子少傅等职。会昌二年（公元842年）以刑部尚书致仕。白居易生活于盛唐向中唐衰落转折时期，中唐时期藩镇割据、宦官专权、朋党之争

图7-1 白居易像

的社会环境打碎了士人兼济天下的远大抱负与理想,独善其身成了其逃避现实的生活方式。白居易仕途的不顺,正如他自己所说"始得名于文章,终得罪于文章"。他胸怀才学,虽有兼济之志,却徒抱理想,非但不为朝廷所用,还处处受排挤。白居易一生以 44 岁被贬江州司马为界,前期是兼济天下时期,后期是独善其身时期。贬官江州给白居易以沉重打击,这是他人生转折的重要时期,早年的佛道思想滋长,此时"独善其身"的思想占据了主导地位,"世事从今口不言","世间尽不关吾事"成了他这一时期的生活态度。

白居易作为中唐时期伟大的现实主义诗人、文学家,写下了不少反映人民疾苦的诗篇如《长恨歌》、《卖炭翁》、《琵琶行》等,有《白氏文集》(初名《白氏长庆集》)传世,与李白、杜甫齐名,有"诗魔"和"诗王"之称。元和四年(公元 87 年),白居易与元稹、李绅共同发起了"新乐府运动",是新乐府运动的倡导者,主张"文章合为时而著,歌诗合为事而作"。现存最早的《白氏文集》为南宋绍兴刻本,收诗文 3600 多篇,数量居唐代名诗人之首。

白居易造园理论成就

白居易不仅在文学史上有着伟大的贡献,在造园方面也有着卓越成就。"白居易是一位造诣颇深的园林理论家,也是历史上第一个文人造园家。他的'园林观'是经过长期对自然美的领悟和造园实践的体会而形成,不仅融入儒、道的哲理,还注进了佛家的禅理。"[1]当代园林美学家金学智先生认为:"(白居易)在园林美学思想上的建树,见于他的《草堂记》、《池上篇序》、《冷泉亭记》、《太湖石记》等散文以及一些诗作,其中的建园思想、品石理论以及审美主体'和适'论等,对后来的园林艺术影响很大。"[2]构筑园墅,经营园林、闲适园居成为白居易生活的主要目标,饮酒、品茶、作诗、弹琴、会友、登山临水、寄情山水,成了他所追求的生活方式。正如白居易在《自题小园》诗中云:"不斗门馆华,不斗园林大;但斗为主人,一坐十余载……拄杖闲即来,亲宾有时会,琴酒连夜开。以此聊自足,不羡大池台。"园不在其大,不在其奢,贵在自足适意,主题意境高雅,拳石、

[1] 周维权.中国古典园林史[M].第 3 版.北京:清华大学出版社,2010.

[2] 金学智.中国园林美学[M].第 2 版.北京:中国建筑工业出版社,2005.

斗水、数竿青竹早已超出本身的实物而物化为一种审美意趣，虚虚实实，有景有情，情意盎然……其诗画之意境开拓得更为丰富。这是与文人士大夫的精神需要，心理结构的变化分不开的，在这里，物质的享受退而求其次，清淡的园居生活促成了文人士大夫精神的升华。

白居易用"大隐"、"中隐"、"小隐"概括了文人雅士的隐逸程度，明确了唐以来的"中隐"（又称"吏隐"，"市隐"）意识，他在《中隐》诗中提出，"大隐"是朝隐，"小隐"是山隐，"中隐"是隐于市。既"似出复似处，非忙亦非闲，不劳心与力，又免饥与寒"，于是"拟求幽辟地，安置疏慵身"成了文人士大夫追求的生活理想，园居之乐，以泉石竹树为伴，借诗酒琴书怡性成了他们日常生活不可或缺的组成部分。他在《赠吴丹》一诗中也说过"人间有闲地，何必隐林丘"来表达与陶渊明完全隐于山林的不同，庭院的营造也不必如谢灵运那样极力网罗峻岭大川于一园，而是追求以有限的山水花木营造出一种氛围，一种野趣，这是一种心静恬适，超然物外的处世心态的真实写照。

在白居易的园林经营中，对我国古典园林造园要素中的花木、水景和山石的配置颇有研究，十分讲究，这在以前的造园家中并不多见。他十分重视园林花木配置，在《白氏文集》中所描述的花木就有竹子、松树、牡丹、芍药、莲花等近40种。"窗前故栽竹，与君为主人"、"开窗不糊纸，种竹不依行"、"水能性淡为吾友，竹解心虚即我师"、"一片瑟瑟石，数竿青青竹"等众多诗句，更是记录并彰显了在众多花木中他对竹子的偏爱，并将所撰《养竹记》书写在长乐里东亭的壁上，盛赞竹子，"比德"贤人：

"竹似贤，何哉？竹本固，固以树德，君子见其本，则思善建不拔者。竹性直，直以立身；君子见其性，则思中立不倚者。竹心空，空似体道；君子见其性，则思应用虚者。竹节贞，贞以立志；君子见其节，则思砥砺名行，夷险一致者。夫如是，故君子人多树为庭实焉。……"

在山石美学鉴赏方面，白居易一直把太湖石列为园林观赏石类之首，认为："石有类聚，太湖为甲；罗浮、天竺之徒次焉。"在他的诗集中描绘太湖石的就有近十首，是我国对于太湖石运用于园林造景较早的文献记载。晚年辞官闲居洛阳履道坊宅院期间，常与告老定居洛阳的一代名相牛僧孺一道赏石、咏石，并为其私家宅院写下《太湖石记》：

"……石有族聚，太湖为甲，罗浮、天竺之徒次焉。今公之所嗜者甲也。先是，公之僚吏，多镇守江湖，知公之心，惟石是好，乃钩深致远，献瑰纳奇，四五年间，累累而至。公于此物，独不谦让，东第南墅，列而置之，富哉石乎。

厥状非一：有盘拗秀出如灵丘鲜云者，有端俨挺立如真官神人者，有缜润削成如珪瓒者，有廉棱锐刿如剑戟者。又有如虬如凤，若跧若动，将翔将踊，如鬼如兽，若行若骤，将攫将斗者。风烈雨晦之夕，洞穴开颏，若欲云歔雷，嶷嶷然有可望而畏之者。烟霁景丽之旦，岩堮霭，若拂岚扑黛，霭霭然有可狎而玩之者。昏旦之交，名状不可。撮要而言，则三山五岳、

图7-2　太湖石

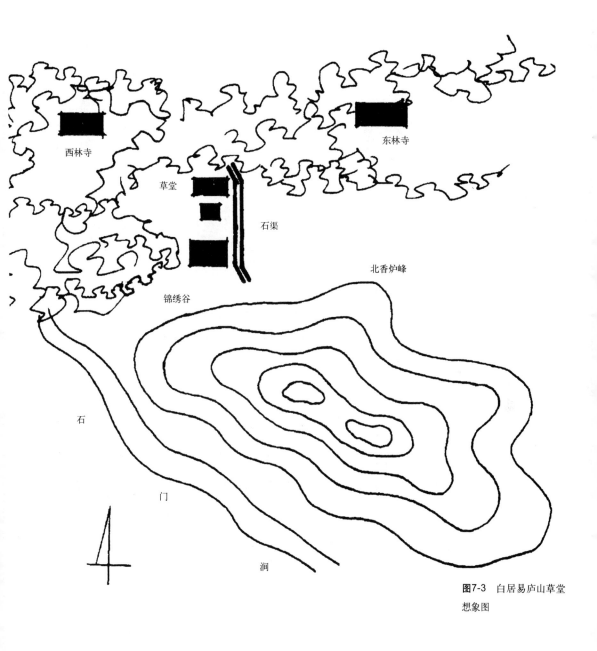

图7-3 白居易庐山草堂想象图

百洞千壑，覼缕簇缩，尽在其中。百仞一拳，千里一瞬，坐而得之。此其所以为公适意之用也。

尝与公迫视熟察，相顾而言，岂造物者有意于其间乎？将胚浑凝结，偶然成功乎？然而自一成不变以来，不知几千万年，或委海隅，或沦湖底，高者仅数仞，重者殆千钧，一旦不鞭而来，无胫而至，争奇骋怪，为公眼中之物，公又待之如宾友，视之如贤哲，重之如宝玉，爱之如儿孙，不知精意有所召耶？将尤物有所归耶？孰不为而来耶？必有以也。

……"

白居易撰写的这篇《太湖石记》在中国石文化史上是最早出现的重要文献。它多方面描绘了太湖石奇姿异态的美，是记载当时藏石、品石之风的宝贵资料，并一锤定音，确立了太湖石在群石谱系中首屈一指的地位（图7-2）。[1]

[1] 金学智. 苏园品韵录[M]. 上海：上海三联书店，2009.

白居易的造园实践

白居易先后主持营建了渭上别墅、庐山草堂、忠州东坡风景林、长安新昌坊宅园和洛阳履道坊宅院五处风景园林。洛阳履道坊宅园，长安新昌坊宅园，渭水之滨的别墅园三处园林都兴建于市井之中，规模都并不算大。

渭上别墅

元和六年（公元811年），白居易因母丧退归陕西居渭水之滨经营别墅园，"插柳作高林，种桃成老树"（《重到渭上旧居》）《渭南县志》云：白居易"宅在故下封县东紫兰村，有乐天南园，至金为石氏园"。

庐山草堂

元和十二年（公元817年）白居易46岁，任江州司马，在奇秀甲天下的庐山东林寺旁修建别墅园林庐山草堂（图7-3）。草堂选址在香炉峰的北面，遗爱寺偏西，介于香炉峰与遗爱寺之间的峡谷地，清流潺潺，松竹环抱，"面峰腋寺"，隐于"峰寺之间"，借景、添景而不争景。白居易以流畅的文笔和娴熟的技巧对庐山草堂的描述，率真朴实，《庐山草堂记》记之：

"匡庐奇秀，甲天下山。山北峰曰香炉峰，北寺曰遗爱寺。介峰寺间，其境胜绝，又甲庐山。元和十一年秋，太原人白乐天见而爱之，若远行客过故乡，恋恋不能去。因面峰腋寺，作为草堂。

明年春，草堂成。三间两柱，二室四牖，广袤丰杀，一称心力。洞北户，来阴风，防徂暑也；敞南甍，纳阳日，虞祁寒也。木，斲而已，不加丹；墙，圬而已，不加白。阶用石，幂窗用纸，竹帘纻帏，率称是焉。堂中设木榻四，素屏二，漆琴一张，儒、道、佛书各三两卷。"

半年时间草堂落成，"三间两柱，二室四牖"，白居易的草堂简易、质朴，没有魏晋六朝园林的奢华，更没有皇家宫苑的宏伟。装修装饰一如草堂的简朴、素雅：砌台阶用石头，糊窗户用纸，竹子做帘子，麻布做帐幕；就连堂中摆设也极其简单随意，木制椅榻四张、素色屏风两座，漆琴一张和儒、释、道书籍各三两卷。在这里可借景周边的竹树云石，仰观山色，俯听泉声、诗文会友、心旷神怡，物我两忘。不必如谢灵运那样极力网罗峻岭大川于一园，这是一种心静恬适，超然物外的处世心态的真实写照。"傲然意自足，箕踞于其间"小中见大，以有限的山水花木营造出一种氛围，一种野趣。

白居易在大自然环境中欲求得一种精神上的自我超脱，他的草堂虽然简陋，但是南窗北户，非常符合生态原理，而且我们从松竹环抱、屋顶落泉、砌下生莲的环境中，可以察觉到一种中国历代文人所追求的"以天地为宇"的建筑意境。这种意境的创造是离不开文人的艺术素养和情操的。[1]

[1] 张钦楠. 中国古代建筑师[M]. 北京：生活·读书·新知三联书店，2008.

忠州东坡风景林

元和十四年（公元819年），48岁的白居易溯江穿过三峡到忠州（忠县）任刺史，一上任就发动忠州百姓栽花种树，"持钱买花树，城东坡上栽。但购有花者，不限桃李梅"。白居易在城东严颜桥一带"倚岸埋大干，临流插小枝"种了很多柳树，其《西省对花忆忠州东坡新花树，因寄题东楼》诗云："最忆东坡红烂漫，野桃山杏水村檎。"

新昌宅院

新昌宅是白居易在长安的住宅,白居易在长安住过4处住宅,分别是长乐坊、宣平坊、昭国坊和新昌坊。新昌坊紧临青龙寺,在兴庆宫与乐游原之间,是白居易在京城的最后一处宅院。长庆元年(公元821年)携二十余口迁入,在此生活了两年多时间。其诗《闻崔十八宿予新昌敝宅,时予亦宿崔家依仁新》:"陋巷掩敝庐,高居敞华屋。新昌七株松,依仁万茎竹。松前月台白,竹下风池绿。君向我斋眠,我在君亭宿。平生有微尚,彼此多幽独。何必本主人,两心聊自足。"对这所宅院作了形象的描述。当然这所宅院并不是豪宅大院,"唯应方寸内,此地觅宽闲"。

履道坊宅园

长庆四年(公元824年)五月,白居易任杭州刺史期满,回洛阳隐居,便将自己剩余的俸薪,又加上两匹马作价的钱,在洛阳履道里(今洛阳市东南赵村东狮子桥一带),买下原散骑侍郎杨凭的旧宅。履道里宅院是白居易经营和游赏时间最长的一个园林。不久白居易又奉召出任苏州刺史。宝历二年(826年)他与刘禹锡结伴归洛阳。大和三年(829年),白居易58岁,罢刑部侍郎,以太子宾客,分司东都,四月到洛阳,自此,不复出任,卜居履道坊宅园,亲自营修园池,并写《池上篇》:

"十亩之宅,五亩之园。有水一池,有竹千竿。勿谓土狭,勿谓地偏。足以容膝,足以息肩。有堂有庭,有桥有船。有书有酒,有歌有弦。有叟在中,白须飘然。识分知足,外无求焉。如鸟择木,姑务巢安。如龟居坎,不知海宽。灵鹤怪石,紫菱白莲。皆吾所好,尽在吾前。时饮一杯,或吟一篇。妻孥熙熙,鸡犬闲闲。优哉游哉,吾将终老乎其间。"

白居易在《池上篇》序中详细叙述了宅院的规模和布局:"地方十七亩,屋室三之一,水五之一,竹九之一,而岛树桥道间之。"不再出仕,静心享受晚年生活的白居易,宅园成了主人以文会友的场所,对于宅园之热爱,他也曾不只一次次地赋诗加以赞咏。"拟求幽辟地,安置疏慵身"成了他追求的生活理想;园居之乐,成了他日常生活不可或缺的组成部分。

履道坊宅园废后一半改建为佛寺，一半为池园，宋人李格非《洛阳名园记》记载："大字寺园，唐白乐天园也"，"张氏得其半，为'会隐园'，水竹尚甲洛阳"。后不见于记载。

白居易与西湖之美

长庆二年（公元822年）十月，51岁的白居易赴任杭州刺史。厌倦了朝廷官宦生涯的白居易，自求外任，并在去杭州任刺史途中，即兴写下了美丽如画的诗篇：

> 一道残阳铺水中，
> 半江瑟瑟半江红
> 可怜九月初三夜，
> 露似珍珠月似弓。

这首诗格调清新，情景真切，创造了柔和、宁静、安寂的意境，折射出诗人寄情山水，为大自然景色所动的愉悦心情。

在白居易到西湖以前，西湖水问题没有得到根治，西湖不能发挥最大的效用。白居易带领杭州市民在西湖东北岸一带筑成规模巨大的捍湖大堤，人们就称它为"白公堤"，有效地蓄水泄洪，保证了农田灌溉。824年，白居易亲自写了《钱塘湖石记》一文，刻成石碑立在湖岸上，这篇碑记就成为关于西湖水利建设的见证。到明代，白公堤不仅成了造福民众的水利设施，而且还成了当时杭州热闹繁荣的风景廊道。白公堤今天已经不存在了，我们今天说的白堤（图7-4）并不是白居易建造的白公堤，人们为了纪念这位伟大诗人就以白堤为白公堤的替身了。在杭任职期间，他虽未造小园，却缔造了美丽动人的西湖风景区。

> 《钱塘湖春行》
> 乱花渐欲迷人眼，
> 浅草才能没马蹄，
> 最爱湖东行不足，
> 绿杨荫里白沙堤。

图7-4　西湖白堤

此时的白居易已五十多岁，苏杭的佳丽景色，使他诗兴勃发，写下了描绘苏杭风景的佳作。诗作中远离了社会的喧嚣，功名利禄的困扰，诗人以切肤的感受，朴质清新的笔调为我们描绘了一幅幅江南风景画。诗人"治国平天下"远大理想的破灭，却成就了"以韵为主"的诗歌艺术的诞生和江南山水风景的大幸。

白居易对于日本造园的影响

白居易是对日本汉文学乃至日本古代文学影响最广、最深刻的中国诗人，是日本最喜欢的唐代诗人之一。《白氏文集》早在平安初期的承和五年（公元838年，唐文宗开成三年，时年白居易67岁）就传到日本，皇室专门开设《白氏文集》讲座，学习白居易文学成了天皇必备的修身课程。据《江谈抄》记述，当时嵯峨天皇对《白氏文集》甚是钟爱，视为"枕秘"。白居易诗文深受日本平安时代贵族所喜爱，甚至被认为是作诗的金科玉律，争相传诵。平安时代大文豪菅原道真更是对其喜爱有加，"白诗的一字一句都能烂记于心，恰如囊中取物"。[1]

白居易的诗歌和造园思想，不仅对我国后世文学艺术和园林影响巨大，而且也影响了日本文学和造园艺术的发展。日本外山英策著《室町时代的庭园史》和西泽文隆著《庭园论》中，都曾专门论述了白居易园林思想和其对日本造园艺术发展的影响，称他为日本园林文化艺术的"导师"。至室町和江户末期（公元1362—1865年），白居易园林思想逐渐成为日本造园学家追求的园林文化主题思想。[2]

日本园林的立意，也受到中国古典诗文的影响。白居易描写西湖、庐山等的山水诗作在日本广为流传，西湖与庐山之美景也被作为造园的立意或景致再现于众多日本园林庭院中。日本人获知西湖的主要途径之一是中国的文学作品，"近水远山皆有情"，"古今难画亦难诗"的西湖，唐、宋以来就与文人墨客结下了不解之缘。如白居易的"湖上春来似图画，乱峰围绕水平铺"，苏东坡的"欲把西湖比西子，淡妆浓抹总相宜"，一直脍炙人口。通过这些诗文，尤其是白居易描写西湖的大量诗文，西湖的美名传到了东瀛，深深地倾倒了古代的日本人。西湖不仅成为日本人吟诗的题材，还被造园家们搬进了园林。早在室町时代，日本人就开始在园林中拟造西湖，著名的银阁寺园林中铺满白沙的广场"银沙滩"就是西湖的缩景，银沙滩旁的阁楼和白沙堆成"向月台"都是模拟西湖边阁楼山峦而建。在这里，日本古代造园家利用"枯山水"的写意手法，成功地再现了西湖的胜景。

对日本文化和园林影响最大的是白居易的《池上篇并序》和《草堂记》。日本平安朝中期文人庆滋保胤所著《池亭记》的创作受到白居易这两篇文章的影响："予六条以外，初卜荒地，筑四垣，开一门……就隆为小山，遇洼穿小池。池西置小堂、安弥陀，池东开小阁、纳书籍，池北起低屋、著妻子。凡屋居十之四，池水九之三，果园八之二，芹田七之一。其外绿松岛、白沙汀、红鲤白鹭，小桥小船，平生所好，尽在其中。况乎春有东岭之柳细烟袅娜，夏有北户之竹清风飒然。"《池亭记》创作文体深深影响了日本古典文学三大随笔名篇之一，由日本中世隐士文学

[1] 许金生. 日本园林与中国文化[M]. 上海：上海人民出版社，2007.

[2] 王铎. 白居易的造园活动及其园林思想[J]. 中国园林，1986（1）.

家鸭长明所作的《方丈记》。

日本三大皇家园林之首的桂离宫，造园时总体布局和审美的依据就是白居易的《池上篇并序》。园林堂、笑意轩、月波楼、赏花亭、水萤灯笼都来自中国诗文，如月波楼引自白居易的《春题湖上》"松排山面千重翠，月点波心一颗珠"，水萤灯笼取意《长恨歌》诗句"夕殿萤飞思悄然，孤灯挑尽未成眠"。

桂离宫位于京都市右京区桂清水町桂川岸边，历史上属于八条宫亲王的别墅。全园面积58210平方米，是三大皇家园林的首席，也是日本古典园林的第一名园。到20世纪，欧洲现代主义者视其为日本传统的精华，"日本之美"即以桂离宫为代表。关于造园家，有人说是江户时代最著名的造园家小堀远州的手笔，但是，据考证是小堀远州的弟弟小堀正春的作品，故有小堀远州的风格。

桂离宫以书院群建筑为主体建筑，建筑具有禅宗倡导的简约朴素的风格，茶庭作为园林中相对独立的部分分散在周围，形成园中有园的格局。从造园风格上看，桂离宫是多种风格的综合体，既是池泉园，又是书院造庭园，还兼具了茶庭和文人写意园的特点。

8. 杜甫、李德裕：
唐代郊野别墅造园家

> 别墅园即建在郊野地带的私家园林，它渊源于魏晋南北朝时期的别墅、庄园，但其大多数的性质已经从原先的生产、经济实体转化为游憩、休闲，属于园林的范畴了。这种别墅园在唐代统称之为别业、山庄、庄，规模较小者也叫做山亭、水亭、田居、草堂等。
>
> ——周维权[1]

[1] 周维权. 中国古典园林史[M]. 第3版. 北京：清华大学出版社，2010.

中晚唐以来园林营造之风盛行，上至皇亲国戚、官宦文人下到黎民百姓，拥有园林更为广泛。在这一时期，距离城市较近，交通方便的郊野别墅备受青睐。杜甫浣花溪草堂和李德裕平泉山庄便是其中较具代表性的别墅园林，但也因地位的悬殊，财力的雄厚而决定了迥然不同的别墅庄园景致和造园风格。

杜甫：文人郊野草堂造园家

杜甫（公元712—770年），字子美，号少陵野老，世称杜少陵，杜工部（图8-1）。汉族，河南巩县（今郑州巩义）人，原籍湖北襄阳。出生于"奉儒守官"并有文学传统的家庭中，是著名诗人杜审言之孙，7岁学诗，15岁扬名，但一生不得志，仕进无门，只做过一些左拾遗等小官。曾困顿长安十载，才得到了看守兵甲仗器库府锁匙的小官。安史之乱爆发后，虽授官左拾遗，但不久又弃官西行，最后到四川，定居成都。

图8-1 杜甫

杜甫是唐朝由盛到衰转折时期伟大的现实主义诗人，以诗济世，被称为"诗史"，又因其诗艺精湛被后世誉为"诗圣"。诗作流传至今约1400多首，有《杜工部集》传世，代表作有"三吏"（《新安吏》、《石壕吏》、《潼关吏》）、"三别"（《新婚别》、《垂老别》、《无家别》）等。

杜甫一生颠沛流离，辗转不定。公元759年冬天，杜甫携家眷入蜀，公元760年，大诗人杜甫寓居成都。《卜居》、《堂成》等诗作便记录了诗人选址浣花溪修建草堂的过程。

《卜居》

浣花溪水水西头，主人为卜林塘幽。

已知出郭少尘事，更有澄江消客愁。

无数蜻蜓齐上下，一双鸂鶒对沉浮。

东行万里堪乘兴，须向山阴上小舟。

在朋友的帮助下，经过3个月的苦心经营，在此营建茅屋而居。

《堂成》

背郭堂成荫白茅，缘江路熟俯青郊；

桤林碍日吟风叶，笼竹和烟滴露梢；

暂止飞乌将数子，频来语燕定新巢；

旁人错比扬雄宅，懒惰无心作《解嘲》。

草堂用白茅盖成，草堂的方位背向城郭，邻近锦江，草堂初建占地1亩，后又加以扩建，建筑布置随地势之高下进行，面临江水，地形开阔（图8-2）。"倚江楠树草堂前，古老相传二百年。"草堂旁边还有一棵生长了200多年的大楠树。从草堂可以俯瞰青翠的郊野田园景色。草堂隐在丛林幽竹深处，禽鸟择木而栖，虽不同于陶渊明归隐的田园，但为避战乱而来，自己和家人颠沛流离的生活有了歇息之地，也感慨颇多，十分欣慰于这份难得的宁静。

上元二年（公元761年），年近50的杜甫居于成都草堂，生活暂时比较安定，他坐在河边的亭子中，平静地眺望着即将逝去的春景，写下了这首富有禅宗意趣的五言律诗《江亭》：

"坦腹江亭暖，长吟野望时。

水流心不竞，云在意俱迟。

图8-2 杜甫草堂与浣花溪区位图

寂寂春将晚,欣欣物自私。

故林归未得,排闷强裁诗。"

杜甫在这里亲自耕作,种菜养花,与农民交往,因一场春雨有感而发写下了千古传诵的佳作《春夜喜雨》:

"好雨知时节,当春乃发生。

随风潜入夜,润物细无声。

野径云俱黑,江船火独明。

晓看红湿处,花重锦官城。"

这首诗通过描写春夜降雨、润泽万物的美景,抒发了诗人的喜悦赞美之情。然而好景不长,也正是草堂建成这一年的八月,大风破屋,大雨又接踵而至,诗人长夜难眠,创作了不朽名篇《茅屋为秋风所破歌》:

"八月秋高风怒号,卷我屋上三重茅。茅飞渡江洒江郊,高者挂罥长林梢,下者飘转沉塘坳。

南村群童欺我老无力,忍能对面为盗贼。公然抱茅入竹去,唇焦口燥呼不得,归来倚杖自叹息。

俄顷风定云墨色,秋天漠漠向昏黑。布衾多年冷似铁,娇儿恶卧踏里裂。

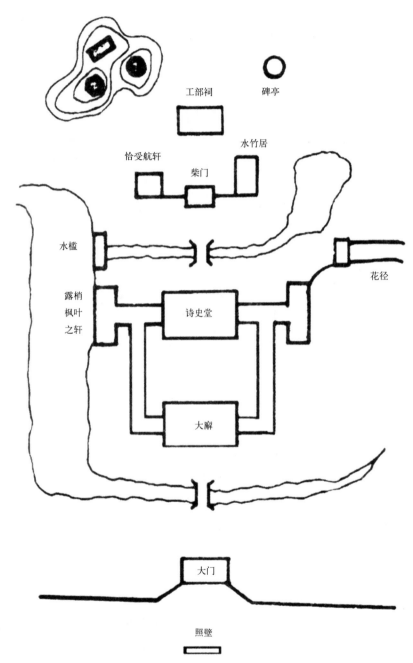

图8-3 杜甫草堂现状平面图

图8-4 杜甫草堂重建的茅屋

床头屋漏无干处，雨脚如麻未断绝。自经丧乱少睡眠，长夜沾湿何由彻。

安得广厦千万间，大庇天下寒士俱欢颜，风雨不动安如山。呜呼！何时眼前突兀见此屋，吾庐独破受冻死亦足！"

八月秋深，狂风怒号，卷走了草堂屋顶上好几层茅草。屋破又遭连夜雨，家人无法安身，诗人从眼前风雨飘摇中的茅屋处境扩展到安史之乱以来的痛苦经历，抒发了诗人关心民间疾苦、忧国忧民的博大胸襟和崇高理想。"安得广厦千万间，大庇天下寒士俱欢颜"这句经典名言传颂千年，至今依然成为房价飞涨的时代我们广大城市居民的广厦情结和美好愿景。

广德元年（公元763年），蜀中军阀作乱，杜甫携家从成都逃难到梓州，离开草堂之后写下了《寄题江外草堂》，记述了草堂从卜居到修建的过程和对园居生活的留恋。

"我生性放诞，雅欲逃自然。

嗜酒爱风竹，卜居必林泉。

遭乱到蜀江，卧疴遣所便。

8. 杜甫、李德裕：唐代郊野别墅造园家

"诛茅初一亩，广地方连延。

　　　经营上元始，断手宝应年。

　　　敢谋土木丽，自觉面势坚。

　　　台亭随高下，敞豁当清川。

　　　虽有会心侣，数能同钓船。"

　　杜甫先后在草堂居住近4年，因曾被授"检校工部员外郎"之衔，而又被称作杜工部。在此先后创作诗歌流传至今的有240余首，如《春夜喜雨》、《蜀相》等名篇。

　　杜甫离开成都后，五代前蜀时诗人韦庄寻得草堂遗址，重结茅屋。后杜甫草堂历经宋、元、明、清多次修复而成。公元1500年（明弘治十三年）和公元1811年（清嘉庆十六年）两次大修基本奠定了杜甫草堂的规模和布局（图8-3、图8-4）。2008年5月被国家文物局评为首批国家一级博物馆，成为现存杜甫行踪遗迹中规模最大，保存最完好，最具特色和知名度的一处。

　　杜甫一生漂泊流离，交游广泛，写下了很多主题、题材、风格不同的文人园林诗，这些园林诗既有对自己别业真实描述的诗句，也有写其他文人园林别业的，如《崔氏东山草堂》：

　　　"爱汝玉山草堂静，高秋爽气相鲜新。

　　　有时自发钟声响，落日更见渔樵人。

　　　盘剥白鸦谷口栗，饭煮青泥坊底芹。

图8-5　南宋·赵葵《杜甫诗意图》描绘江南一带的竹林景色

何为西庄王给事,柴门空闭锁松筠?"

诗人寓情于景,清新淡雅地描绘了崔氏东山草堂的幽静、淡泊,与世无争。

安史之乱后,杜甫漂泊到江南一带,回忆起在岐王与崔九的园林相见和听歌的情景而感慨万千写下了《江南逢李龟年》一诗:

"岐王宅里寻常见,崔九堂前几度闻。

正是江南好风景,落花时节又逢君。"

这首杜甫绝句中最有情韵、最富含蕴的一篇,抚今思昔,语言平易,含意深远,包含着非常丰富的社会生活内容,也使我们从园居生活的侧面品读出"开元全盛日"时期岐王李隆范和中书监崔涤的园林宅邸的园娱生活。

杜甫的诗作也多为后世园林造景立意或对联匾额的题写所借鉴来状景抒情(图8-5),如著名的苏州拙政园景观与谁同坐轩内扇形窗洞两旁悬挂着的诗句联:"江山如有待,花柳自无私"就出自杜甫《后游》诗:"寺忆新游处,桥怜再渡时。江山如有待,花柳更无私。野润烟光薄,沙喧日色迟。客愁全为减,舍此复何之?"杜甫的诗作对日本园林也产生深远影响,如日本奈良市的依水园,取杜甫《陪郑广文游何将军山林十首》:"不识南塘路,今知第五桥。名园依绿水,野竹上青霄。谷口旧相得,濠梁同见招。平生为幽兴,未惜马蹄遥。"京都市高台寺庭院时雨亭,取《春夜喜雨》:"好雨知时节,当春乃发生。"神奈川县瑞泉寺庭院一览亭,取《望岳》:"会当凌

绝顶，一览众山小。"

杜甫还先后在《季秋苏五弟缨江楼夜宴》、《上巳日徐司录林园宴集》、《宴戎周杨使君东楼》等诗作中借景抒情，描写了文人园林中的宴游，为我们了解园林景致和园居活动提供了生动详细的资料。

李德裕：贵族郊野山庄造园家

李德裕（公元787—849年），字文饶，唐朝中晚期著名政治家、诗人（图8-6）。赵州（今河北赵县）人，与其父李吉甫均为晚唐名相。出身于官宦世家，其宗族"冠内廷者两代，袭侯伯者六朝"[1]。李德裕文韬武略，在穆宗即位后，被召入翰林院充学士，朝廷的诏制典册，大多出自他的手笔。先后历任翰林学士、浙西观察使、西川节度使、兵部尚书、左仆射、并在唐文宗大和七年（公元833年）和武宗开成五年（公元840年）两度为相，共计七载。大中三年（公元849年）十二月十日（公元850年1月26日）卒于崖州贬所，终年63岁。李德裕逝后十年被追封为太子少保、卫国公，赠尚书左仆射。

李德裕长期与李宗闵及牛僧儒为首的朋党斗争，后人称为"牛李党争"。执政期间外平回鹘，内定昭义，裁汰冗官，协助武宗灭佛，功绩显赫，使晚唐内忧外患的局面得到暂时的安定，曾被李商隐誉为"万古之良相"。作为一代名相，在盛产诗人的时代，李德裕也有着同样不俗的诗作传世，《长安秋夜》便是其亦官亦诗代表之作。王士禛评李德裕五言诗"别集《忆平泉》五言诸诗，较白乐天、刘梦得不啻过之"[2]。李德裕曾随其父宦游14年，遍览天下名山大川，受其影响，在洛阳龙门以西购买一废园地修建大型风景山水园林，以备退居之用。李德裕《平泉山居戒子孙记》："吾随侍先太师忠懿公，在外十四年，上会稽，探禹穴，历楚泽，登巫山，游沅湘，望衡岵。先公每维舟清眺，意有所感，必凄然遐想。属目伊川，尝赋诗曰：'龙门南岳尽伊川，草树人烟目所存。正是北州梨枣熟，梦魂秋日到郊园。'吾心感是诗，有退居伊、洛之志。"

李德裕官拜宰相，权势显赫，所造山庄方圆10里，规模宏大，造园技巧已有很高的水准。他35岁时开始营造，之后不断修葺，每宦游所至

图8-6 李德裕像

[1] 旧唐书[M]. 北京：中华书局，1975.

[2]《池北偶谈》卷一七．

便搜集天下珍木奇石，在加之官场他人所送，宋《渔阳公石谱》记载："广采天下珍木怪石为园池之玩。"山庄有亭台楼榭100余处，珍木怪石点缀其间，有书楼、瀑泉亭、双碧潭、垂钓台、丛竹幽径、醒酒石、流杯亭等景点。当时洛阳八大景之一的"平泉朝游"便是指山庄旭日初升时的园林景观。

平泉山庄景物首推花木和山石，我们在《平泉山居草木记》中便可看出。

"余尝览想石泉公家藏藏书目，有《园庭草木疏》，则知先哲所尚，必有意焉。余二十年间，三守吴门，一莅淮服，嘉树芳草，性之所耽，或致自同人，或得于樵台则盈尺，今已丰寻。因感学《诗》者多识草木之名，为《骚》者必尽荪荃之美，乃记所出山泽，庶资博闻。木之奇者，有天台之金松，琪树，嵇山之海棠，榧桧，剡溪之红桂、厚朴，海峤之香柽、木兰，天目之青神、凤集，钟山之月桂、青飔、杨梅，曲房之山桂、温树，金陵之珠柏、栾荆、杜鹃，茆山之山桃、侧柏、南烛，宜春之柳柏、红豆、山樱，蓝田之栗梨、龙柏。其水物之美者，荷有蒸洲之重台莲，芙蓉湖之白莲，茅山东溪之芳荪。复有日观、震泽、巫岭、罗浮、桂水、严湍、庐阜、漏泽之石在焉。其伊洛名园所有，今并不载。岂若潘赋《闲居》，称郁棣之藻丽；陶归衡宇，喜松菊之犹存。爰列嘉名，书之于石。己未岁，又得番禺之山茶，宛陵之紫丁香，会稽之百叶木芙蓉、百叶蔷薇，永嘉之紫桂、簇蝶，天台之海石楠，桂林之俱郲卫，台岭、八公之怪石，巫山、严湍、琅琊台之水石，布于清渠之侧，仙人迹、鹿迹之石，列于佛榻之前。是岁又得锺陵之同心木芙蓉，剡中之真红桂，嵇山之四时杜鹃、相思紫苑、贞桐、山茗、重台蔷薇、黄槿，东阳之牡桂，紫石楠，九华山药树天蓼、青枥、黄心鹨先子、朱杉、龙骨。庚申岁，复得宜春之笔树、楠稚子、金荆、红笔、密蒙、勾栗木，其草药又得山姜、碧百合。"

平泉庄内栽植花木近70种，山石有泰山石、灵璧石、太湖石、巫山石、罗浮石等，"平泉庄无异于一个收藏各种花木和奇石的大花园"[1]。

但是事与愿违的是，李德裕虽有泉石，却无归期，晚年出仕入相，羁身仕途，身不由己，矛盾困窘之中并没有终老林泉，而是在宰相任上罢官贬死崖州。《旧唐书·李德裕传》："东都于伊阙南置平泉别墅，清流

[1] 周维权. 中国古典园林史[M]. 第3版. 北京：清华大学出版社，2010：225.

翠筱，树石幽奇。初未仕时，讲学其中。及从官藩服，出将入相，三十年不复重游，而题寄歌诗，皆铭之于石。"时隔近200年后北宋司马光和梅尧臣睹物思情，分别发出了感慨"相国已何在，空山余故林。曩时堪炙手，今日但伤心。陵谷尚未改，门阑不可寻。谁知荆棘地，鹤盖旧成荫"(《游李卫公平泉庄》);"当时植珍木，岂是昧前规。废宅长春草，故山存旧碑。已嗟良璧毁，安识古松姿。叔子每怀慕，此心空自知"(《依韵和刁经臣读李卫公平泉山居诗碑有感》)。

李德裕有关平泉庄的诗作，包括在洛所作《初归平泉过龙门南岭遥望山居即事》、《伊川晚眺》等八首，更多是在外任职时所写，诗人以诗来表达自己对平泉庄的思念之情。主人对平泉庄一草一木、一山一石的钟爱，激发他在异乡写下了《思平泉树石杂咏一十首》、《思山居十一首》、《重忆山居六首》、《春暮思平泉杂咏二十首》等上百首描写回忆和思念平泉山居的诗。诗题中大多用思、忆、怀、想等字眼来抒发表达自己对平泉庄的思念之情和退居归隐之心。在对平泉山居的思念中，蕴含着诗人强烈的思归情绪。他渴望回到平泉山居，归去之音始终回响在其平泉诗作中。平泉诗中大量运用古代隐士的典故，诗人以此表达隐逸思想。身居官职而无法达到悠然闲适境界的李德裕，一方面是强烈思归，一方面是身不由己、进退两难。平泉诗幽邃孤峭的意境特点，也是其两难处境和心境的曲折反映。[1]

平泉山庄在李德裕死后开始衰败，元明以后，平泉庄已变为山野之地。

[1] 赵建梅. 试论李德裕的平泉诗[J]. 文学遗产，2005（05）.

9. 柳宗元：
唐代园林绿化理论家与风景园林师

唐代，山水文学兴旺发达。文人经常写作山水诗文，对山水风景的鉴赏必然都具备一定的能力和水平。许多著名文人担任地方官职，出于对当地山水风景向往之情，并利用他们的职权对风景的开发多有建树。例如，中唐杰出的文学家柳宗元在贬官永州期间，十分赞赏永州风景之佳美，并且亲自指导、参与了好几处风景区和景点的开发建设，为此而写下了著名的散文《永州八记》。

——周维权[1]

[1] 周维权. 中国古典园林史[M]. 第3版. 北京：清华大学出版社，2010.

柳宗元（公元773—819年），字子厚，世称"柳河东"、"河东先生"（图9-1）。唐代河东郡（今山西永济）人，著名文学家、散文家、思想家，唐宋八大家之一。唐代宗大历八年（公元773年）出生于京都长安（今陕西省西安市）的官宦世家。贞元九年（公元793年）中进士，十四年登博学鸿词科，授集贤殿正字。一度为蓝田尉，后入朝为官，迁礼部员外郎。永贞元年（公元805年）九月，革新失败，贬邵州刺史，十一月柳宗元加贬永州司马。写下了著名的《永州八记》等六百多篇文章，在诗歌、辞赋、散文、游记、寓言、小说、杂文以及文学理论诸方面都成就斐然，经后人辑为三十卷，名为《柳河东集》。元和十年（公元815年）春回京师，不久再次被贬为柳州刺史，政绩卓著。宪宗元和十四年十一月初八（公元819年11月28日）卒于柳州任所。

图9-1 柳宗元像

柳宗元在园林美学、园林绿化、山水游记等方面的理论与实践主要体现在如下几方面：

（1）在中国园林美学史上，柳宗元最早在《永州龙兴寺东丘记》中提出"奥如"、"旷如"概念，从美学角度表达了"游有二者"的卓识。"奥如"、"旷如"这一对美学范畴，推动了园林美学品评的发展，促进了园林意境的创构。在柳宗元之后，这两个基本概念频繁地出现在历代的园林诗文中，对园林意境的生成产生了深远的影响。如钱大昕《网师园记》称："地只数亩，而有迂回不尽之致；居虽近廛，而有云水相忘之乐。柳子厚所谓'奥如'、'旷如'，殆兼得之矣。"[1]

（2）柳宗元的山水游记和园林诗，语言清丽，构思巧妙，情景相生，意趣无穷，具有高度艺术概括性和最富于艺术独创性，并发展成为一种独立的文学体裁。

（3）柳宗元堪称是世界上最早提倡对城市进行园林绿化的政府官员。他对柳州的城市建设、园林绿化、风景名胜修复贡献卓著，为世人所称颂。

（4）为梓人（建筑工匠）杨潜和种树人郭橐驼写传，分别讲述了梓人"善度材"，"善用众工"指挥木作修缮官署建筑和农民郭橐驼种树技艺的故事，论述了古代社会底层普通劳动者在建筑工程、园林绿化中的专业贡献和历史作用。

（5）在永州亲自设计营建八愚园林，园林创作风格转向以自然山水为主体，以"愚"为主题营造景观，唐宋文人写意园林初见端倪。

柳宗元的山水游记与园林诗

永贞元年（公元805年）十一月柳宗元贬永州司马（任所在今湖南省永州市零陵区），成为其人生一大转折。在永州十年期间内，柳宗元上高山，入深林，探寻山谷溪泉和奇峰怪石，把自己的思想感情融于自然风景的描绘中，使自己的心灵得以慰藉和升华。大自然的雄奇景象使他获得了更为丰富的创作素材，写下了诸多具有独创性的山水游记。

《永州八记》是柳宗元山水游记文中的代表作，按游览的时间先后为《始得西山宴游记》、《钴鉧潭记》、《钴鉧潭西小丘记》、《至小丘西小石潭

[1] 金学智. 中国园林美学 [M]. 第2版. 北京：中国建筑工业出版社，2005.

记》、《袁家渴记》、《石渠记》、《石涧记》、《小石城山记》八篇文章。因其艺术上的成就，被人们千古推崇，广为传诵。他将"郦道元以来的山水记的传统，和陶渊明谢灵运以来的山水诗的传统，完美结合起来而加以创造性的发展，推向了新的高峰"。[1]

[1] 胡宗健. 漱涤万物，牢笼百态——柳宗元在永州的山水游记创作 [M]// 柳宗元在永州. 郑州：中州古籍出版社，1994.

八记中，以第四篇《至小丘西小石潭记》最为著名，为历代传诵的优秀篇什。

"从小丘西行百二十步，隔篁竹，闻水声，如鸣佩环，心乐之。伐竹取道，下见小潭，水尤清冽。全石以为底，近岸，卷石底以出，为坻为屿，为嵁为岩。青树翠蔓，蒙络摇缀，参差披拂。

潭中鱼可百许头，皆若空游无所依。日光下澈，影布石上，佁然不动；俶尔远逝，往来翕忽，似与游者相乐。

潭西南而望，斗折蛇行，明灭可见。其岸势犬牙差互，不可知其源。

坐潭上，四面竹树环合，寂寥无人，凄神寒骨，悄怆幽邃。以其境过清，不可久居，乃记之而去。

同游者：吴武陵，龚古，余弟宗玄。隶而从者，崔氏二小生：曰恕己，曰奉壹。"

作者以细腻的笔触，生动地描写出了一个山清水秀、清幽宁静的小石潭风景，并融自己的心灵感悟于其中，情景交融，给人以无尽的审美享受。在这里景美、水美、石秀、树翠、游鱼、情真，清冽的泉水、奇异的山石、清脆的天籁、自在的鱼儿，自然的景色在作者的笔下栩栩如生、隽永无穷。

此外柳宗元还写下了大量的文人园林诗，这些诗篇大致可以分为两类，一类是对园池的总体描写，如《溪居》、《旦携谢人至愚池》等；一类是对园中具体一景一物的描写，如《中夜起望西园值月上》、《茅檐下始栽竹》等。[2] 柳宗元的文人园林诗，于闲适恬淡之中，苍劲有力，清峻幽深，表面上外形质朴，平淡无奇，而实际上文采华美，蕴藏着丰富的内涵，"发纤秾于简古，寄至味于淡泊"。他的文人园林诗中，含有大量种植园林植物的主题或词组，如名园、楚树、疏篁、种柳、移桂、栽竹、榕叶、橘柚、芍药、红蕉、早梅、蓼花等，还有芙蓉水、薜荔墙、榆柳疏、梨枣熟、

[2] 徐志华. 唐代园林诗 [M]. 北京：中国社会出版社，2011.

种木槲花、植海石榴、种白蘘荷、移木芙蓉、种仙灵毗等。

柳宗元与八愚园林

柳宗元利用永州钴鉧潭优美的自然山水构建的寓意深远的愚堂宅基地,命名为八愚,并亲自进行了八愚园林的设计和构建。著《愚溪诗序》:

"灌水之阳有溪焉,东流入于潇水。或曰:冉氏尝居也,故姓是溪为冉溪。或曰:可以染也,名之以其能,故谓之染溪。余以愚触罪,谪潇水上,爱是溪,入二三里,得其尤绝者家焉。古有愚公谷,今予家是溪,而名莫能定,士之居者,犹龂龂然,不可以不更也,故更之为愚溪。

愚溪之上,买小丘为愚丘。自愚丘东北行六十步,得泉焉,又买居之为愚泉。愚泉凡六穴,皆出山下平地,盖上出也。合流屈曲而南,为愚沟。遂负土累石,塞其隘为愚池。愚池之东为愚堂。其南为愚亭。池之中为愚岛。嘉木异石错置,皆山水之奇者,以余故,咸以愚辱焉。

夫水,智者乐也。今是溪独见辱于愚,何哉?盖其流甚下,不可以灌溉,又峻急,多坻石,大舟不可入也;幽邃浅狭,蛟龙不屑,不能兴云雨。无以利世,而适类于余,然则虽辱而愚之,可也。宁武子'邦无道则愚',智而为愚者也;颜子'终日不违如愚',睿而为愚者也,皆不得为真愚。今余遭有道,而违于理,悖于事,故凡为愚者莫我若也。夫然则天下莫能争是溪,余专得而名焉。溪虽莫利于世,而善鉴万类,清莹秀澈,锵鸣金石,能使愚者嬉笑眷慕,乐而不能去也。余虽不合于俗,亦颇以文墨自慰,漱涤万物,牢笼百态,而无所避之。以愚辞歌愚溪,则茫然而不违,昏然而同归,超鸿蒙、混希夷,寂寥而莫我知也。于是作《八愚诗》,纪于溪石上。"

序以"愚"字通篇全文,记述了八愚园林的地理位置、购得始末、营建过程、愚者园居的乐趣等,并详细描写了愚溪以及附近的愚丘、愚泉、愚沟、愚池、愚堂、愚亭、愚岛等风景和此命名的原因。

在这里,柳宗元善于布局,巧于因借,溪、丘、泉、沟、池、堂、亭、岛八景之间曲径通幽、步移景异,每个景观空间节点有机和谐地联系在一起,如同一副优美的风景园林画卷:自潇水入溪,溯流二三里,上岸,登丘，又东北行六十步，见六孔泉，随泉沿沟向南，见一大池，到池东入一堂，出堂又到堂南之亭，亭上回头西望可览池中岛。柳宗元还吟有一首《八愚诗》，纪于溪石上。

关于柳宗元的八愚园居生活，他有感而发，写下了著名诗篇《溪居》：

"久为簪组束，幸此南夷谪。

闲依农圃邻，偶似山林客。

晓耕翻露草，夜榜响溪石。

来往不逢人，长歌楚天碧。"

诗的大意是说：

久为做官所羁累，幸好有机会贬谪到这南方少数民族地区中来，解除了我的无穷烦恼。在这里，闲居无事，便与农田菜圃为邻，有时就仿佛是个山林隐逸之士。清晨，踏着露水去耕地除草;有时荡起小舟，去游山玩水，直到天黑才归来。独往独来，碰不到别人，仰望碧空蓝天，放声歌唱。

诗中字里行间虽隐含着孤独的忧愤，但也道出了诗人被贬之后如山林隐士般溪居生活的闲适。

柳宗元在八愚园林中还十分重视园林绿化，种植了大量的果树橘柚，达千株之多，有柳诗《南中荣橘柚》、《新植海石榴树》、《始见白髪题所植海石榴树》为证。"东邻幸导我，树竹邀凉思"，为了防暑降温，柳宗元接受东邻的指导，在愚堂的茆簷下广种筼竹。他还在愚堂的西边，开辟西园，种植了大量的药材和花卉，写下了《种仙灵毗》、《种术》、《种白蘘荷》、《植灵寿木》、《早梅》、《红蕉》等描写园林花草树木的诗篇。八愚园林清静秀美的生活环境以及与当地劳动人民的和谐相处，使其从中获得了生动翔实的创作素材，从而写出了大量贴近民众生活，以民为本的著名文章，如《捕蛇者说》、《与刘禹锡论周易九六书》、《驳复仇议》以及"永州八记"的后四记等。"柳宗元能在永州写出大量文学作品，八愚园林之功不可没也。八愚园林于是成为人们向往的世界园林学界中一颗翡翠的明珠。"[1]

[1] 张绪伯. 柳宗元园林文化研究 [EB/OL]. http://www.yzcity.gov.cn/art/2005/10/17/art_2504_115010.html.

柳宗元与园林绿化

从唐朝代宗大历八年至顺宗永贞元年（即公元 773—805 年），柳宗元大部分时间居住在长安。在长安西郊，柳宗元之家置有"数顷田，树果数百株，多先人手自封植"（《寄许京兆孟客书》），家中曾聘农民郭橐驼为柳园种果树。柳宗元利用业余时间在长安西郊柳园中随郭橐驼从事园林种树活动，从他那里学得了一手非凡的园林种植技术。柳宗元在封建等级制度十分严厉的唐朝，为社会地位十分低下的种树农民郭橐驼写传。

"郭橐驼，不知始何名。病偻，隆然伏行，有类橐驼者，故乡人号之'驼'。驼闻之曰：'甚善，名我固当。'因舍其名，亦自谓'橐驼'云。其乡曰丰乐乡，在长安西。驼业种树，凡长安豪富人为观游及卖果者，皆争迎取养。视驼所种树，或移徙，无不活，且硕茂蚤实以蕃。他植者虽窥伺效慕，莫能如也。

有问之，对曰：'橐驼非能使木寿且孳也，能顺木之天，以致其性焉尔。凡植木之性，其本欲舒，其培欲平，其土欲故，其筑欲密。既然已，勿动勿虑，去不复顾。其莳也若子，其置也若弃，则其天者全而其性得矣。故吾不害其长而已，非有能硕茂之也；不抑耗其实而已，非有能蚤而蕃之也。他植者则不然，根拳而土易，其培之也，若不过焉则不及。苟有能反是者，则又爱之太殷，忧之太勤，旦视而暮抚，已去而复顾。甚者爪其肤以验其生枯，摇其本以观其疏密，而木之性日以离矣。虽曰爱之，其实害之；虽曰忧之，其实仇之，故不我若也。吾又何能为哉！'

问者曰：'以子之道，移之官理可乎？'驼曰：'我知种树而已，理非吾业也。然吾居乡，见长人者好烦其令，若甚怜焉，而卒以祸。旦暮吏来而呼曰：'官命促尔耕，勖尔植，督尔获。蚤缫而绪，蚤织而缕，字而幼孩，遂而鸡豚。'鸣鼓而聚之，击木而召之。吾小人辍飧饔以劳吏者，且不得暇，又何以蕃吾生而安吾性耶？故病且怠。若是，则与吾业者其亦有类乎？'

问者嘻曰：'不亦善夫！吾问养树，得养人术。'传其事以为官戒。"

郭橐驼在长安城西边的丰乐乡，以种树为职业，凡是长安城里种植花木以供玩赏以及种植果树出卖水果的富豪人家，都争着雇用他。为人所称道的是他种树养苗的方法"顺木之天以致其性焉而"，橐驼种的树，即或移植，没有不成活的；而且长得高大茂盛，结果又早又多。

元和十年（公元815年）他身任柳州刺史，柳宗元带领柳州人民整修街道，开挖水井，"种柳柳江边"，"城郭巷道，皆治使端正，树以名木"，绿化美化了城市环境。在柳宗元的倡导和鼓励带动下，曾经蛮夷瘴疠、穷乡僻壤的柳州城乡面貌发生了显著的变化，出现了"民业有经，公无负租，流通四归，乐生兴事"的新景象。如今，印刷精美的《新柳州》宣传册上给予了这位1200年前的行政官员很高的盛誉："柳宗元的到来，在柳州历史文化进程中具有划时代的意义"，柳州"吸纳并发扬了柳宗元带来的先进文化。柳州的文化历史，从此正式和中原的文化接轨"。

热爱园艺的柳宗元不仅在自己住的庭院植树种花，还到柳州城西北去种了200株黄柑树，使其兼具了生产示范和绿化美化两种功能。《柳州城西北隅种柑树》记述："手种黄柑二百株，春来新叶遍城隅。方同楚客怜皇树，不学荆州利木奴。几岁开花闻喷雪，何人摘实见垂珠？苦教坐待成林日，滋味还堪养老夫。"

柳宗元在柳州期间，整治了不少街巷，修筑了一些庙宇，并开发了不少自然景观。柳宗元主持修复了柳州大云寺，组织僧侣和当地居民在大云寺附近开荒凿井，"辟地南北东西若干亩，凡树木若干本，竹三万竿，圃百畦，田若干胜"，将柳州大云寺建成了一座风景优美的园林胜地。

柳州城东南西三面被柳江包围，地理形似半岛。在柳江河畔广种柳树，既防止了水患，保护了河堤，保护了柳州城，又绿化了沿江堤岸，利于人民休息观瞻，他亲自参加种植柳树，绿化城市，并即兴题咏，抒发了"好作思人树"的情感，有柳诗《种柳戏题》为证云："柳州柳刺史，种柳柳江边。谈笑为故事，推移成昔年。垂阴当覆地，耸干会参天。好作思人树，惭无惠化传。"而对柳树，这位柳姓刺史更是情有独钟，每年的春天，必定在柳江之滨插柳，跟着插柳的百姓们还编成民歌："柳州柳刺史，插柳柳江边。柳色依然在，千株绿拂天。"朋友吕温曾写了一首诗来开他的玩笑："柳州柳刺史，种柳柳江边。柳馆依然在，千柳柳拂天。"

元和十四年（公元819年）十一月八日，柳宗元英年早逝于柳州，年仅47岁，柳宗元死后第二年，灵柩由友人资助运回长安，葬于万年县栖凤原（今陕西临潼）的柳氏墓地。恋恋不舍的柳州人，在停放灵柩之

图9-2　柳州柳侯祠

地为他建了一座衣冠冢，在他生前喜爱的罗池畔建立祠庙世代敬祀（图9-2）。后来，宋徽宗敕封柳宗元为"文惠侯"，宋高宗加封为"文惠昭灵侯"，所以柳宗元也称"柳侯"。现在柳州柳侯祠已经扩建成公园，园内绿柳成荫，这也应是对柳宗元在柳州缅怀与纪念吧。

10. 苏轼：北宋环境景观设计师和园林文学家

> 在这个云、雨、风、月、鱼鳖、荷花相映成景的场所，苏东坡所关怀的不只是人民的直接困苦，而且还苦心地使这些自然景色更加美化（如三潭印月、苏堤春晓等富有诗意的景观的创造），留给千秋后代。他不失为一位中国历史上大手笔的景观设计师。
>
> ——张钦楠[1]

[1] 张钦楠. 中国古代建筑师[M]. 北京：生活·读书·新知三联书店，2008.

苏轼（公元 1037—1101 年），汉族，眉州眉山（今属四川）人，字子瞻，又字和仲，号东坡居士，世称"苏东坡"（图 10-1）。北宋著名散文家、书画家、文学家、词人、诗人，是豪放词派的代表，与父苏洵，弟苏辙合称三苏。嘉祐进士，神宗时曾任祠部员外郎，因反对王安石新法而求外职，任杭州通判，知密州、徐州、湖州，后以作诗"谤讪朝廷"罪贬黄州。哲宗时任翰林学士，曾出知杭州、颍州等，官至礼部尚书，后又贬谪惠州、儋州。他在文学艺术方面堪称全才，其文汪洋恣肆，明白畅达，与欧阳修并称欧苏，为唐宋八大家之一。苏轼的诗现存约 2700 余首，其诗内容广阔，风格多样，而以豪放为主，笔力纵横，穷极变幻，具有浪漫主义色彩，诗文有《东坡七集》等，词有《东坡乐府》。《饮湖上初晴后雨》是描写西湖的古诗中无人能超越的。

图10-1 苏轼

苏轼，作为两宋文学史上无可争议的典范人物占有着不可或缺的地位，他诗、词、文并进，且擅绘画、书法，懂音律。在整个文化艺术史上起了举足轻重的作用。苏轼早期对政治生活投入了很高的热情，但却又陷入了宋朝"旧党"与"新党"政治斗争中。他的作品左右了宋朝的整个文坛，更受到了当时皇帝仁宗、哲宗和皇太后的喜爱，却终招人诬陷，酿成了著名的"乌台诗案"。乌台诗案是影响苏轼一生的重大事件，苏轼坐牢103天，几次濒临被砍头的境地。幸亏北宋时期在太祖赵匡胤年间即定下不杀士大夫的国策，苏轼才算躲过一劫。

东坡居士与雪堂

在"乌台诗案"发生后，苏轼死里逃生，也已开始沉思自己的生活方式，在他写的《安国寺记》中喟叹："道不足以御气，性不足以胜习，不锄其本而耘其末，今虽改之，后必复作。盍归诚佛僧，求一洗之。"后得城南精舍，在"茂林修竹，坡池亭榭"中私窃乐之。

元丰三年初（公元1081年），苏轼到达黄州贬所，在城东的山坡上开荒种地务农，营地数十亩，自称"东坡居士"，仿效晋代田园诗人陶渊明自耕、自食、自乐的田园生活。这个别号伴随他走过了此后坎坷的人生道路，也成为所有喜爱他的人对他的昵称。元丰五年初春，苏轼在东坡下废园内筑草屋数间。堂成之日，适逢大雪纷飞，苏轼喜得其所居，在房内四壁绘满雪花，又自书"东坡雪堂"为匾额，并作《雪堂记》以记之："苏子得废圃于东坡之胁，筑而垣之，作堂焉，号其正曰雪堂。堂以大雪中为之，因绘雪于四壁之间，无容隙也。起居偃仰，环顾睥睨，无非雪者。苏子居之，真得其所居者也。苏子隐几而昼暝，栩栩然若有所适，而方兴也未觉，为物触而寤，其适未厌也，若有失焉。以掌抵目，以足就履，曳于堂下。"

雪堂台阶下有一桥，雪堂之东有高柳一株，再往东有一清洌冷泉。往东的低处是稻田、麦田、果园。农舍后面是远景亭，位于一小丘之上，下面乡野景色一览无余。苏轼就在绿树浓荫田里乡间做起了头戴斗笠手扶犁把的田间农人。现堂为1986年重建，中间为正堂，东间为卧室，西间为客室。正堂陈列有《东坡耕乐园》、《雪梅图》和《雪堂飞雪图》，客室内陈列有日本著名书法家加藤星峰书写的苏轼名诗《东坡八首》。《雪堂记》通过主客问答的形式，对入世与出世，拘人与散人，藩内与藩外进行了辩论，从而体现了苏轼思想中儒道思想的矛盾与融合，以及其对佛家禅宗的真正态度，最后形成了苏轼独特的处世哲学"吾非逃世之事，而逃世之机"，成就了苏轼独特的诗文美与人格美。

也正是在此地，苏东坡宴请了宋朝大山水画家米芾，雪堂相识，成为了中国艺术史上的佳话。苏轼在与友人孔平仲的一首诗里说道："去年东垦瓦砾坡，自种黄桑三百尺。今年刈草盖雪堂，日炙风吹面如墨。"其实，有些事只有诗人才能享受。他有着陶渊明的遭遇，却很容易乐观地看待一切，劳苦之中亦自有其乐，不再为患得患失的思想所左右。"出与入辇，孤瘘之机。洞房清宫，寒热之媒。皓齿峨眉，伐性之斧。甘脆肥浓，腐肠之药。"他在雪堂的墙上写下了这32个字，可以看出他的生活快乐而充实。

在以后多年的起起伏伏贬谪生涯中，他完成了自己思想的成熟和自由人格的定位。因他与陶渊明的境况遭遇相近，使得他晚年十分尊崇陶渊明，诗风也发生了很大变化。如《和陶归园田居六首》中便可窥见苏轼的心境和思想。

"环州多白水，际海皆苍山。
以彼无尽景，寓我有限年。
东家着孔丘，西家着颜渊。
市为不二价，农为不争田。
周公与管蔡，恨不茅三间。
我饱一饭足，薇蕨补食前。
门生馈薪米，救我厨无烟。
斗酒与只鸡，酣歌饯华颠。
禽鱼岂知道，我适物自闲。
悠悠未必尔，聊乐我所然。"

苏公堤与西湖之美

苏东坡对于园林艺发展的另一贡献,便是对杭州过多偏爱,在此颇有建树,他两度被贬谪出任杭州通判,后来,杭州几乎成了他的第二故乡。宋神宗熙宁四年(公元1071)冬,苏轼开始了他出任杭州通判的生活(3年),他初到杭州便写下了《六月二十七日望湖楼醉书五绝》诗句:

"未成小隐聊中隐,可得长闲胜暂闲。

我本无家更安往?故乡无此好湖山。"

苏轼是幸运的,官场的失意注定了他与杭州西湖的相遇,他一生中最快乐的日子便是在此度过的。关于杭州的美,他在抵杭三日便有了描述:"天欲雪,云满湖,楼台明灭山有无。水清出石鱼可数,林深无人鸟相呼。"

苏轼自熙宁四年(公元1071年)到杭州通判任后,就深深地被西湖美景所陶醉,朝霞雾霭,春花秋月,成了他的审美对象,使他为之流连忘返。西湖的诗情画意也大大激发了诗人的诗情:

《饮湖上初晴后雨》

"水光潋滟晴方好,山色空蒙雨亦奇。

欲把西湖比西子,淡妆浓抹总相宜。"

他没有如同六朝诗人谢灵运那般,对于山水景物作一一描摹,而以写意传神的方式,把心中的美景勾勒出来,"西子湖"也因此诗成了西湖之别称。林语堂在《苏东坡传》中说:"西湖的诗情画意,非苏东坡的诗思不足以极其妙;苏东坡的诗思,非遇西湖的诗情画意不足尽其才……诗人能在寥寥四行诗句中表现此地的精粹、气象、美丽,也颇不简单……公认为表现西湖最好的诗,就是苏东坡写西湖的这一首。"[1]

元祐五年(公元1090年),16年过后,苏东坡再次出任杭州,任浙西军区钤辖兼杭州太守。太守的官衙位于杭州中心,是极富诗意的寒碧轩和雨奇堂。而雨奇堂是从十几年前苏东坡西湖诗"山色空蒙雨亦奇"而得名。在这里环以修竹,可外望清溪。在他任期中,杭州经常发生旱涝灾害,西湖严重淤塞,苏轼于是招募民工,共用了20万工,全面疏

[1] 林语堂.苏东坡传[M].张振玉译.西安:陕西师范大学出版社,2006.

浚了西湖，并用西湖里挖出来的葑草和淤泥，堆筑起自南至北横贯湖面的长堤，在堤上建造6座石拱桥。这条长堤就是现在的"苏堤"（图10-2）。苏东坡有诗云："我在钱塘拓湖绿，大堤士女争唱丰。六桥横绝天汉上，北山始于南山通。忽惊二十五万丈，老薪席卷苍烟空。"他疏浚了盐道和修建全城清洁供水系统，着手整理了西湖，用堆积如山的水草、淤泥，建筑湖上的长堤，既缩短了往返的距离，也增加了湖面的美丽。后人曾感叹曰："杭州若无白与苏，风光一半减西湖。"如今苏堤和白堤横卧湖面，点缀了西湖的秀美，柳丝飘浮，半隐半现的湖堤，自然有机地融入到了一起，数百年来，为世人所流连。这也难怪在900余年后，主政杭州的代市长孙忠焕在2004年"十大最具经济活力城市"获奖城市市长作客央视《对话》节目时，面对主持人王小丫和陈伟鸿抛过来的犀利问题："你认为哪位前任市长最值得你学习或崇

图10-2 苏堤

[1] 苏、白市长最值得学习 杭州市长做客央视对话[EB/OL]. 2004-11-6. http://news.sina.com.cn/o/2004-11-06/10104158329s.shtml.

拜？"孙忠焕市长笑着答道："每一任市长都值得我学习，但最值得我去学习的还是我们的'苏市长'和'白市长'。"[1]

苏轼与西园雅集

元祐元年（公元1086年），与苏轼政见不和的司马光、王安石相继去世，深受太皇太后高氏器重的苏轼又重新被朝廷起用，六月被起迁为翰林学士，因"洛蜀党争"，元祐四年（公元1089年）出任杭州通判，元祐七年至八年（公元1092—1093年）为兵部尚书、礼部尚书，后被权臣诬陷"前掌制命，语涉饥讪"，削落两学士之职。元祐年间苏轼在仕途上多起伏跌宕，在文学上则就接替欧阳修而成为文坛盟主，历史上不朽的文坛盛事"西园雅集"便发生在这一时期。京中文人学士围绕在苏轼周围，常常聚会于驸马王诜的西园，作诗、绘画、谈禅、论道。王诜请善画人物的李公麟，把自己和友人苏轼、苏辙、黄鲁直、秦观、李公麟、米芾、蔡肇、李之仪、郑靖老、张耒、王钦臣、刘泾、晁补之以及僧圆通、道士陈碧虚画在一起，取名《西园雅集图》，图中主友16人，加上侍姬、书僮，共22人，宾主风雅，或写诗，或作画，或题石，或拨阮，或看书，或说经，极园居雅集之乐，可与晋代王羲之"兰亭修禊"相比。从图中可看出驸马爷的西园松桧梧竹，小桥流水，园林景观意境深远。米芾的"西园雅集图记"记载了这一盛事，记文为："李伯时效唐小李将军为着色泉石，云物草木花竹皆妙绝动人，而人物秀发，各肖其形，自有林下风味，无

图10-3 西园雅集图（南宋·刘松年，台北故宫博物院藏）

一点尘埃之气。其着乌帽黄道服捉笔而书者,为东坡先生……自东坡而下,凡十有六人,以文章议论,博学辨识,英辞妙墨,好古多闻,雄豪绝俗之资,高僧羽流之杰,卓然高致,名动四夷,后之览者,不独图画之可观,亦足仿佛其人耳!"此后,历代文人画家,描绘"西园雅集"的题材长盛不衰,如南宋刘松年,元代赵孟頫,明代李士达、仇英、尤求,清代顾洛等。如南宋刘松年西园雅集图再现了北宋汴京以苏轼为首的16位文人"西园雅集"时的情景(图10-3)。

苏轼与园林文学

苏轼把绚烂之后的自然平淡作为艺术创作的美学理想和追求,而反对"合于天造,厌于人意"矫揉造作的媚俗风格。他在给侄儿的信中将此阐述得十分透彻:"凡文字,少小时须令气象峥嵘,色彩绚烂,渐老渐熟,乃造平淡,其实不是平淡绚烂之极也。"当代美学家宗白华先生将苏轼的艺术主张高度精练概括为重要的美学原理:"绚烂之极而归于平淡。"道出了美学审美的真谛。李泽厚先生在《美的历程》一书中指出:"苏轼在美学上追求的是一种朴质无华、平淡自然的情趣韵味,一种退避社会、厌弃世间的人生理想和生活态度,反对矫揉造作和装饰雕琢,并把一切提到某种透彻了悟的哲理高度。"[1]

[1] 李泽厚.美的历程[M].北京:生活•读书•新知三联书店,2009.

苏东坡爱好游览山水园林,并把山水、园林之美诉诸笔端,留下了大量丰富的园林文学作品。也正是这些文情并茂且被广为流传的园林文

学作品，使得这些名园为后人所熟知，也为我们研究园林的发展过程和园林审美提供了生动翔实的材料。

元丰二年（公元 1079 年）三月末由彭城移守吴兴，途经灵璧与故友道别，并应张氏园亭主人张硕的邀请作《灵璧张氏园亭记》。民间亦有张硕以有好石相诱、相赠，以石换文之说。这篇《灵璧张氏园亭记》，可与欧阳修的《醉翁亭记》、王安石的《游褒婵山记》相媲美，是研究我国山水、园林文学的佳作。全文如下：

"道京师而东，水浮浊流，陆走黄尘，陂田苍莽，行者倦厌。凡八百里，始得灵璧。张氏之园于汴之阳，其外修竹森然以高，乔木蓊然以深。其中因汴之余浸，以为陂池；取山之怪石，以为岩阜。蒲苇莲茨，有江湖之思；椅桐桧柏，有山林之气；奇花美草，有京洛之态；华堂厦屋，有吴蜀之巧。其深可以隐，其富可以养。果蔬可以饱邻里，鱼鳖笋茹可以馈四方之客。余自彭城移守吴兴，由宋登舟，三宿而至其下。肩舆叩门，见张氏之子硕，硕求余文以记之。

维张氏世有显人，自其伯父殿中君，与其先人通判府君，始家灵璧，而为此园。作兰皋之亭以养其亲。其后出仕于朝，名闻一时，推其余力，日增治之，于今五十余年矣！其木皆十围，岸谷隐然，凡园之百物，无一可人意者，信其用力之多且久也。

古之君子，不必仕，不必不仕。必仕则忘其身，必不仕则忘其君。譬之饮食，适于饥饱而已。然士罕能蹈其义，赴其节，处者安于故而难出，出者狃于利而忘返，于是有违亲绝俗之讥，怀禄苟安之弊。今张氏之先君，所以为其子孙之计，虑之远且周，是故筑室艺园于汴、泗之间，舟车冠盖之冲，凡朝夕之奉，宴游之乐，不求而足。使其子孙开门而出仕，则跬步市朝之上；闭门而归隐，则俯仰山林之下。于以养生治性，行义求志，无适而不可。故其子孙仕者皆有循吏良能之称，处者皆有节士廉退之行，盖其先君之泽也。

余为彭城二年，乐其土风，将去不忍。而彭城之父老亦莫余厌也，将买田于泗水之上而老焉。南望灵璧，鸡犬之声相闻，幅巾杖履，岁时往来于张氏之园，以与其子孙游，将必有日矣。

元丰二年三月二十七日记

　　这篇《灵璧张氏园亭记》具有独特的艺术风格，全文因景寄情，景、情、理融为一体。译文为：

　　"离开京师向东行，河水里卷着浊泥，道路上飞起黄尘，高坡田野苍莽暗淡，使行路的人感到疲倦。走了八百里，才来到汴水之北灵璧张氏家的园林。从外面欣赏亭园可以看到茂密的修竹，粗大荫郁的乔木。园中借汴水的支流，建成池塘，又凿取山上的怪石，堆成假山。园中的蒲草芦苇莲花菱角，让人联想起江湖的秀美，青桐翠柏，让人感觉到山林的清爽；奇花异草，让人回忆起京、洛的繁华；高堂大厦，有吴蜀之地建筑的精巧。园中深广可以隐居，出产丰饶可以养家。瓜果蔬菜可以馈赠邻里，鱼鳖新笋可以招待来自远方的宾客。我从徐州改知湖州，由应天府乘船，三天后到达张氏园亭。我坐着小轿来到他家门前，见到了张氏的儿子张硕。张硕请我写一篇文章为记。

　　张家世世代代都有显达的人，从他伯父殿中君和他父亲通判府君那一代，开始在灵璧县定居，建造了这个园子，在池边修建了一座亭台奉养双亲。后来他们到朝中做官，在当时很有名望。用剩余的资财，不断地增修扩建，到现在五十多年了。园子里的树木都已长成十围之粗，浓荫遮蔽了河岸。园中的各种景物，没有一样不令人赏心悦目，我相信他们一定是花了许多力气和时间。

　　古代的君子，不是非要做官，也不必一定不做官。非要做官就容易忘掉自我，一定不做官就容易忘掉国君。就像饮食一样，自己感到适意就行了。然而士子很难做到合于古人所说的君臣节义。居于乡野的人安于现状不愿外出做官，外出做官的人为利益所牵而不愿退枝。于是他们就有了违拗亲情自命高洁或贪图利禄苟且偷安的弊病，因而受到人们的讥讽。如今张氏的先人，为子孙后代考虑得长远而周到。所以把建筑居室种植园林的地址选择在汴水、泗水之间，此地是舟船车马官员来往的要冲。凡衣食之需，饮宴游览之乐，不必刻意追求就能满足。让他们的子孙迈出家门出去做官，朝堂不过几步之遥；闭上院门回家隐居，就可以坐卧于山林之内。对于贻养性情，推行仁义保持志节，无一不非常适合。

因此他们的子孙凡出仕的人都获得了循良的名声，凡在家不仕的人都保持了高洁谦退的德行。这都是他们先人的余荫。

我在徐州做了两年知州，很喜欢那里的风土人情，不忍心离去，而徐州的父老也并不厌弃我，我打算在泗水滨买地归老。往南可以望见灵璧，鸡犬之声相闻，头裹幅巾手挂竹杖，时时往来于张氏之园，与他们的子孙交游，我相信这一天已为时不远了。

元丰二年三月二十七日记。"

张氏园亭为张建中兄弟始建于宋天圣年间（公元1024—1032年），坐落在灵璧北凤凰山南，汴水北岸，是一座园林建筑，又称兰皋园或兰皋亭。欧阳修、曾巩、黄庭坚等文人官吏也曾到访。苏东坡作《灵璧张氏园亭记》生动形象地描摹了张氏园亭的园林景观，后围绕"古之君子，不必仕，不必不仕。必仕则忘其身，必不仕则忘其君"展开论述，表达了作者或"仕"或"隐"的独到见解，反映出作者追求自适放达、意欲归隐、寄情山水的思想情感。

苏轼一生中还写了大量的关于亭台楼阁和竹子的园林诗词，并在《于潜僧绿筠轩》说"可使食无肉，不可居无竹；无肉令人瘦，无竹令人俗"，表现对竹的偏爱。文学本身就具有无穷尽的艺术魅力，它与园林艺术的结合，使得园林艺术更加引人入胜，使人身临其境，流连忘返。苏轼《点绛唇·闲倚胡床》："闲倚胡床，庾公楼外峰千朵，与谁同坐？明月、清风、我。别乘一来，有唱应须和。还知么，自从添个，风月平分破。"取其意而建造的拙政园中扇亭，名为"与谁同坐轩"，所谓"与谁同坐？明月、清风、我。"此处的我既可以是诗中审美主体，也可以是诗文的作者，与明月、清风同坐共赏园景，此种境界自是难以言传了。

亭的发展历史悠久，亭在园林中为点睛之物，备受各个阶层的古人所青睐。历史上的安徽滁州醉翁亭、北京先农坛陶然亭、湖南长沙爱晚亭、浙江杭州湖心亭被称为中国四大名亭，是我国古代因文人雅士的诗歌文章而闻名的景点。园林中的建亭、咏亭诗作更是不计其数。乾隆在《清漪园记》道出了其中真谛："既具湖山之胜，概能无亭台之点缀乎？"张宣题倪云林画《溪亭山色图》诗云："石滑岩前雨，泉香树杪风。江山无限景,都聚一亭中。"

苏东坡最爱写亭,曾在《涵虚亭》诗中感叹"惟有此亭无一物,坐观万景得天全",他直接写到亭的散文和诗词有近百篇,散文就有《喜雨亭记》、《放鹤亭记》、《灵璧张氏园亭记》、《遗爱亭记》、《书绿筠亭诗》、《题兰亭记》、《记游松风亭》、《名容安亭》、《书临皋亭》等十几篇,诗有《北亭》、《绿筠亭》、《四望亭》、《吏隐亭》、《霜筠亭》、《露香亭》、《涵虚亭》、《溪光亭》、《颜乐亭诗》等几十篇。出现在他作品里的亭名更是包罗万象、丰富多彩:四望亭、尘外亭、归真亭、永慕亭、漱玉亭、洞酌亭、石林亭、逸老亭、姚氏山亭、会景亭等数十种。他也爱造亭,每到一处遇到喜庆之事他就建亭以为贺。在凤翔时,在官署附近建造喜雨亭,在岐下庙宇之北隙地建造了北亭,在密州修筑了雩泉亭,在定州建了雪浪斋亭。他居住过临皋亭,与挚友佛性等游唱于三休亭,给好友孙莘老之亭命名为归雁亭。[1] 其实亭是古代文人重要的写作素材,唐朝的白居易咏自建之亭和他人之亭就有十多首诗作,著名的有《自题小草亭》、《池西亭》、《东亭招客》、《东亭闲望》、《题网侍御池亭》、《宴郑家林亭》、《郡西亭偶咏》、《冷泉亭记》、《湖亭望水》、《高亭》、《题元十八溪亭》、《题西亭》等。

竹,挺拔修长,四季青翠,凌霜傲雪,中国古今文人墨客嗜竹咏竹者甚多。竹子在中国历史文化发展和精神文化形成中举足轻重,松、竹、梅被誉为"岁寒三友",而梅、兰、竹、菊被称为"四君子"。竹与中国诗歌书画和园林建设息息相关,古之园林简直无竹不成园。苏轼先后写下了《和文与可洋川竹坞》、《霜筠亭》、《竹》、《沃韵答人槛竹》等著名的咏竹诗。苏轼不但咏竹,还能画竹,他的《竹石图》作为名画至今犹存。在《文与可画筼筜谷偃竹记》一文中写道:"竹之始生,一寸之萌耳,而节叶具焉。自蜩蝮蛇蚹以至于剑拔十寻者,生而有之也。今画者乃节节而为之,叶叶而累之,岂复有竹乎!故画竹必先得成竹于胸中,执笔熟视,乃见其所欲画者……"他提出的画竹理论为后世所遵从,"胸有成竹"成为典故和至今为人常用的成语。他造园少不了竹,于岐下葺小园时栽竹:"短竹萧萧倚北墙,斩茅披棘见幽芳。"(《新葺小园》其一)在京师所置

[1] 雷艳平. 苏轼园林思想初探[J]. 三苏祠, 2009 (1).

业有丛竹："官舍有丛竹，结根问囚厅"，"我常携枕簟，来此荫寒青。日暮不能去，卧听窗风泠"（《和子由记园中草木十首》其七）。他在黄州东坡躬耕时虽极困顿，但是也是"家有十亩竹，无时容叩门"（《东坡八首》其七）。[1]

---

[1] 雷艳平. 苏轼园林思想初探[J]. 三苏祠，2009(1).

11. 司马光、苏舜钦、沈括、朱长文：
北宋文人造园家

> 宋代士人的所谓隐逸，已更多地成为园林的一种情调，一种审美趣味的追求，而文人园林的简远，疏朗，雅致，天然，则正是这种情调和追求的最恰当的表征。
>
> ——周维权[1]

[1] 周维权. 中国古典园林史[M]. 第3版. 北京：清华大学出版社，2010.

　　重文轻武的两宋时期，大兴文教，形成了文化发展的宽松环境，促使新的文学形式得到空前的发展，词作品也达到了极高的水平，它与唐诗并称为我国古典文学艺术的瑰宝。园林艺术的发展也取得了前所未有的成就，这一时期构建的园林多为文人写意园，写意成为其主要的艺术表现形式，意境的营造成为其重要的建园风格。这与中唐文人士大夫所标举追求的林泉之隐的生活是一脉相承的，此时山水的可行、可望已不能满足文人士大夫的生活需要和审美情趣，他们要求的是"不下堂筵，坐穷泉壑"。如郭熙《林泉高致》中说："山有可行者，有可望者，有可游者，有可居者……何可行可望，不如可居可游之为得。何者？观今山川，地占数百里，可游可居之处十无三四，而必取可居可游之品，君子所以渴慕林泉者，正谓此佳处也。"

　　中原的洛阳和江南的临安、吴兴、平江（苏州）是两宋时期经济、文化发达地区，私家园林荟萃。北宋以洛阳为西京，中原的私家园林，当以洛阳为代表，有着"洛阳名公卿园林，为天下第一"，"贵家巨室，园囿亭观之盛，实甲天下"的说法。1093 年，宋朝著名词人李清照的父亲李格非著述《洛阳名园记》，记述了当时洛阳最为知名的 19 处名园，内容涵盖诸园的总体布局、山池、花木、建筑等，为我国园林史留下了丰富的资料。这 19 处园林在唐代废园的基址上营建，其中 18 处为私家园林。属于宅园性质的有 6 处：富郑公园、环溪、湖园、苗帅园、赵韩王园、大字寺园；属于单独建置的游憩园性质的有 10 处：董氏西园、董氏东园、独乐园、刘氏园、丛春园、松岛、水北胡氏园、东园、紫金台张氏园、吕文穆园；属于以培植花卉为主的花园性质的有 2 处：归仁园、李氏仁丰园。[1]

[1] 周维权. 中国古典园林史 [M]. 第 3 版. 北京：清华大学出版社，2010.

宋以前的园林，往往不注重题名，如王维的"辋川别业"，裴度的"平泉庄"，白居易的"庐山草堂"、"履道里"等宅园，都是以所在地名称呼，缺少诗意，没有一定文化意韵，园题名尚且如此，更不用说园内的景点了。而到了宋代，园名景名的题写已大为兴盛，并发展为一种文化现象，为文人墨客所推崇。诗有诗眼，文有文心，景自然也有景眼，园名的题写成为园林中心意向的所在，好的园名题名具有深厚的文化底蕴，使得园林景致更加富有诗情画意和可品性。如沈括的梦溪园，司马光的独乐园，苏舜钦的沧浪亭，朱长文的乐圃等，已不是以前园林仅有审美客体的存在，而是有了更多审美主体的情感的渗透和介入。

司马光：独乐园

图 11-1　司马光

司马光（1019 年 11 月 17 日—1086 年）初字公实，更字君实，号迂夫，晚号迂叟（图 11-1）。汉族，出身官宦世家，出生于河南省光山县，原籍陕州夏县（今属山西）涑水乡人，世称涑水先生。司马光宋仁宗宝元元年（公元 1038 年）中进士甲科，历仕仁宗、英宗、神宗、哲宗四朝，是北宋政治家、文学家、史学家。他主持编纂了中国历史上第一部编年体通史《资治通鉴》。

神宗熙宁年间，王安石新法行，司马光反对新法，出判西京（洛阳）御史台。熙宁六年（公元 1073 年），在尊贤坊北关买了 20 亩田，筑园，自撰《独乐园记》（图 11-2）记之：

"熙宁四年迂叟始家洛，六年买田二十亩于尊贤坊北关，以为园。其中为堂，聚书出五千卷，命之曰'读书堂'。堂南有屋一区，引水北流，贯宇下。中央为沼，方深各三尺。疏水为五派，注沼中，若虎爪。自沼北伏流出北阶，悬注庭中，若象鼻。自是分而为二渠，绕庭四隅，会于西北而出，命之曰"弄水轩"。堂北为沼，中央有岛，岛上植竹。圆若玉玦，围三丈，揽结其杪，如渔人之庐，命之曰'钓鱼庵'。沼北横屋六楹，厚其槁茨，以御烈日。开户东出，南北列轩牖，以延凉飔。前后多植美竹，为消暑之所，会之曰'种竹斋'。

沼东治地为百有二十畦，杂莳草药，辨其名物而揭之。畦北植竹，方若棋局。径一丈，曲其杪，交相掩以为屋。植竹于其前，夹道如步廊，皆以蔓药覆之。四周植木药为藩援，命之曰：'采药圃'。圃南为六栏，芍药、牡丹、杂花各居其二。每种止植二本，识其名状而已，不求多也。栏北为亭，命之曰：'浇花亭'。洛城距山不远，而林薄茂密，常若不得见。乃于园中筑台，构屋其上，以望万安、轩辕，至于太室。命之曰：'见山台'。"

独乐园整体以读书堂为中心，（在堂中）集中了5000卷书。

读书堂的南边有一处屋子，引水往北流贯连屋下，中间作为水池。疏导水流分5处注入水池中；从水池的北面隐蔽流出台阶，悬空注入庭院下面；（水）从这里又分为两条小渠环绕庭院的四角然后在西北面汇合流出，命名为弄水轩。

厅堂的北面又有一个水池，中间有玉玦一样呈圆形的岛，岛上种竹子，将竹梢收拢打成结，像打鱼人的草屋，命名为钓鱼庵。

水池的北面有6间并排的屋子，开门往东，南北的窗子可以吹来凉风，前后多种植优雅的竹子，命名为种竹斋。

水池的东边，整治出120畦田，种植花草药材，畦的北面也种了棋盘一样呈方形的竹子林，弯曲它的顶梢交错通达遮蔽作为屋子。在它的前面种上竹子，形成像步廊一样的夹道，都用藤蔓芍药等覆盖着它，四周种植草木药材等作为藩篱，把它命名为采药圃。药圃的南面有6个围栏，芍药、牡丹、杂花各占2个，每种（花）只种了2丛。围栏的北面有个亭子，命名为浇花亭。水池西边为土山，山顶筑高台，名为见山台。

图11-2 独乐园图并书记卷（明·文徵明，台北故宫博物院）

读书堂、弄水轩、钓鱼庵、种竹斋、采药圃、浇花亭、见山台，园中七景分别以董仲舒、杜牧之、严子陵、王子猷、韩伯休、白居易、陶渊明的轶事为立意，无论是景点景名还是景观意境，都极好地相互融合在一起。

独乐园七题　读书堂

吾爱董仲舒，穷经守幽独。所居虽有园，三年不游目。
邪说远去耳，圣言饱充腹。发策登汉庭，百家始消伏。

独乐园七题　弄水轩

吾爱杜牧之，气调本高逸。结亭侵水际，挥弄消永日。
洗砚可抄诗，泛觞宜促膝。莫取濯冠缨，区尘污清质。

独乐园七题　钓鱼庵

吾爱严子陵，羊裘钓石濑。万乘虽故人，访求失所在。
三公岂易贵，不足易其介。奈何夸毗子，斗禄穷百态。

独乐园七题　种竹斋

吾爱王子猷，借宅亦种竹。一日不可无，萧洒常在目。
雪霜徒自白，柯叶不改绿。殊胜石季伦，珊瑚满金谷。

独乐园七题　采药圃

吾爱韩伯休，采药卖都市。有心安可欺，所以价不二。
如何彼女子，已复知姓字。惊逃入穷山，深畏名为累。

独乐园七题　浇花亭

吾爱白乐天，退身家履道。酿酒酒初熟，浇花花正好。
作诗邀宾朋，栏边长醉倒。至今传画图，风流称九老。

独乐园七题　　见山台

吾爱陶渊明，拂衣遂长往。手辞梁主命，牺牛惮金鞅。

爱君心岂忘，居山神可养。轻举向千龄，高风犹尚想。

司马光的独乐园，既是他的居所，也是编制300万字巨著《资治通鉴》的重要所在地（图11-2、图11-3）。独乐园环境幽美，格调简朴，充分反映了主人造园以自适的情趣和追求，这也是取名"独乐"的本意。司马光的园居生活十分充实和愉悦，"平日多处堂中读书，上师圣人，下友群贤，窥仁义之源，探礼乐之绪"。神志倦怠，身体疲惫之时就手执鱼竿钓鱼，采摘药草，浇灌花草，砍伐竹子，登高远眺……如同

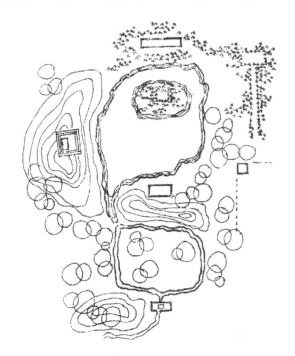

图11-3　独乐园平面示意图

局部：弄水轩、读书堂

局部：钓鱼庵、竹斋

图11-4　独乐园图局部（明·仇英，美国克利夫兰美术馆藏）

局部：采药圃、浇花亭

清风明月般自由自在，无所羁绊，自诩"不知天壤之间复有何乐可以代此也"。

苏舜钦与沧浪亭

苏舜钦（公元1008—1048年）北宋诗人，字子美，梓州铜山（今四川中江）人（图11-5）。曾任县令、大理评事、集贤殿校理，监进奏院等职。因支持范仲淹的庆历革新，为守旧派所恨，御史中丞王拱辰让其属官劾奏苏舜钦，苏舜钦入狱受审，后被革职为民，闲居苏州。后来复起为湖州长史，不久病故。苏舜钦在文学方面，工诗并擅长散文，与梅尧臣齐名，人称"梅苏"，是北宋文坛领袖欧阳修的诗友，著有《苏学士文集》。

苏舜钦于庆历五年（公元1045年）携家人南下，流寓苏州。他早就

图11-5　苏舜钦像

喜爱苏州盘门一带的风景。这次他在府学东边发现一块弃地,那里草木茂盛,崇阜广水,附近还有荒芜的池馆,相传原为五代吴越王钱元镣的池馆,苏舜钦知是他的近戚中吴军节度使孙承佑的别墅,于是他花了四万钱将它买下,加以修葺,还在水旁筑亭,取《楚辞·渔父》中"沧浪之水清兮,可以濯吾缨;沧浪之水浊兮,可以濯吾足"之意,将此园命名为"沧浪亭"。他还自号"沧浪翁",并撰写了《沧浪亭记》:

"予以罪废,无所归,扁舟南游,旅于吴中。始僦舍以处,时盛夏蒸燠,土居皆褊狭,不能出气,思得高爽虚辟之地,以舒所怀,不可得也。一日过郡学,东顾草树郁然,崇阜广水,不类乎城中,并水得微径于杂花修竹之间,东趋数百步。有弃地,纵广合五、六十寻,三面皆水也。杠之南,其地益阔,旁无民居,左右皆林木相亏蔽。访诸旧老,云:'钱氏有国,近戚孙承佑之池馆也。''坳隆胜势,遗意尚存,予爱而徘徊,遂以钱四万得之,构亭北埼,号'沧浪'焉。前竹后水,水之阳又竹,无穷极,澄川翠干,光影会合于轩户之间,尤与风月为相宜。予时榜小舟,幅巾以往,至则洒然忘其归,觞而浩歌,踞而仰啸,野老不至,鱼鸟共乐,形骸既适,则神不烦,观听无邪,则道以明,返思向之汩汩荣辱之场,日与锱铢利害相磨戛,隔此真趣,不亦鄙哉!噫!人固动物耳,情横于内而性伏,必外寓于物而后遣,寓久则溺,以为当然,非胜是而易之,则悲而不开。唯仕宦溺人为至深,古之才哲君子,有一失而至于死者多矣,是未知所以自胜之道。予既废而获斯境,安于冲旷,不与众驱,因之复能乎内外失得之原,沃然有得,笑闵万古,尚未能忘其所寓目,用是以为胜焉。"

文中记叙他发现和购置空地并选址筑亭的始末以及游玩其间的感受,抒发了作者寄情山水,忘怀荣辱得失,傲然自得的隐士情怀。沧浪亭借助于古老的《沧浪之歌》,并引进园林,让园林通过标题文学化,促使园林与文学进一步地相互融合并升华。这种文学与园林的融合渗透,不仅使《沧浪亭记》成为我国文学史上的散文名篇,更使沧浪亭成为中国园林史上的经典之作。中国园林美学家金学智先生在《中国园林美学》一书中指出:"沧浪亭这个典型,是以山水、林石、花竹、禽鱼以及建筑

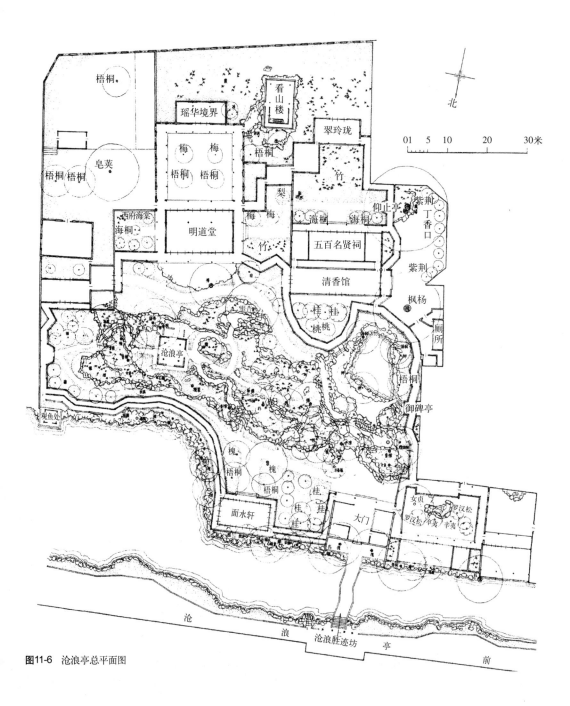

图11-6 沧浪亭总平面图

等为题材或元素，并突出以文学题名来抒写主体情致、实现自我价值的文人写意园。"[1]

[1] 金学智. 中国园林美学[M]. 第2版. 北京：中国建筑工业出版社，2005.

苏舜钦以"沧浪之水"立意，以"政清则进，政浊则退"为主题建园，全园整体布局构思巧妙，景观风格简洁古朴。沧浪亭外临清池，一泓清水绕园而过，三面临水，竹林环绕，可谓独树一帜。苏舜钦去世后，沧浪亭曾屡易其主，后为章申公家所有。南宋时曾为抗金名将韩世忠的府第。明代改为大云庵，有僧人住持。清康熙三十五年（公元1696年）重修，把临水的亭子移建于山阜之上，有文徵明隶书"沧浪亭"作匾额。清嘉庆年间，江苏巡抚梁章钜在修复沧浪亭时，将欧阳修的《沧浪亭》："清风明月本无价，可惜只卖四万钱"和苏舜钦《过苏州》诗"绿杨白鹭俱自得，近水远山皆有情。"各取一句集成对联：

清风明月本无价
近水远山皆有情

这幅珠联璧合的名联上品开创了以诗文为题建筑园亭的先河，明月清风、远山近水、欧、苏挚情之佳话……无不使人神思飞跃，发怀古之幽情。

图11-7 沧浪亭

沧浪亭是苏州园林中现存最古老的一座园林，千百年来，历代文人墨客竞相吟咏，无数文人雅士寻幽访古，吟诗作画，这些名人的吟咏和轶事，更使沧浪亭增添了熠熠光彩（图11-6、图11-7）。沧浪亭及其文化寓意为后世者一再仿效，从北宋开始，沧浪为主题的园林景观创作开始显现，园林景观以沧浪文学为主题文本的创作实例日益增多。到了明清时期，沧浪景观开始频繁地出现在中国古典园林的私家园林、皇家园林、公共园林等各个类型中，如现存承德避暑山庄的沧浪屿，济南大明湖的小沧浪，苏州拙政园的小沧浪和网师园中的濯缨水阁，洛阳的李氏丰仁园的濯缨亭，扬州西园曲水的濯清楼等。中国的沧浪歌不仅在中国演变为园林景观，而且还流传到日本，在桃山时代，京都的西本愿寺滴翠园的飞云阁前，有一个大水池，东西约80米，南北约40米，池名为沧浪池。[1]

[1] 刘庭风. 沧浪情结[J]. 中国园林, 2004 (8): 14-15.

苏舜钦在苏州过了约三年的退隐生活，写了不少有关沧浪亭和苏州的诗作。庆历八年（公元1048年），41岁的苏舜钦复官，授湖州长史，同年十二月病卒。欧阳修为他写了墓志铭。

今天的沧浪亭虽经过多次修葺，但其基本格局仍保持当时的原貌和韵味，具有宋代写意山水园的造园风格。

沈括：梦溪园

沈括（公元1031—1095年），字存中，号梦溪丈人，杭州钱塘（今浙江杭州）人，生于官僚家庭，北宋科学家、改革家。仁宗嘉祐八年（公元1063年）进士，曾任县令、司理参军、三司使、察访使、翰林学士、龙图阁直学士等。神宗时参与王安石变法运动。晚年以平生见闻，在镇江梦溪园撰写了笔记体巨著《梦溪笔谈》。不但记载了当时社会的种种情况，反映了他对自然、人文、技术工程各门科学的精湛的研究成果。在他所著《长兴集》中，有一些记游写景之作，也很有特色。例如《苍梧台记》有"东望有山蔚然，立于大海洪波之中，日月之光，蔽映下上"；又如《江州揽秀亭记》有"南山千丈瀑布，西江万顷明月"，都新颖别致。

沈括是我国历史上最卓越的科学家之一，精通天文、数学、物理学、化学、地质学、气象学、地理学、农学和医学，英国科学史家李约瑟评价沈括为"中国科学史上的坐标"和"中国科技史上的里程碑"。沈括在地理及大地景观方面的主要贡献有：

（1）在世界上最早用实验验证磁针"能指南，常微偏东"，发现地磁子午线与地理子午线有一磁偏角。

（2）在视察边防时，用面糊或蜡、木屑在木板上把看到的山川地势制成模型，然后再复制成木刻模型。这种木刻地形模型比欧洲最早的地形模型早700多年。

（3）用"飞鸟图"绘制了"大宋天下郡守图"，使得北宋的地图越来越精确。经过近20年坚持不懈的努力，终于完成了我国制图史上的一部巨作《天下州县图》（已失传），资料丰富，精度较高。

（4）会简单预报天气，懂得虹的成因以及大气中的折射原理，批驳了海市乃"蛟蜃之气所为"的迷信观点；所记载的陆龙卷对世界陆龙卷的地区分布有重大意义；提出物候随高度、生物品种、纬度高低、人类生产活动而变化的理论。

（5）提出广种树木、保护树木以涵养水分的观点。

（6）最早对华北平原的成因作出科学的解释，即已认识到华北平原是黄河、漳河、滹沱河带来的泥沙沉积而成。明确指出了是千百年流水的侵蚀作用形成了浙江雁荡山奇特的自然景观。把中国一南一北相距万里不同地区的地貌景观成因作了统一的科学解释。[1]

[1] 中国大百科全书总编辑委员会. 中国大百科全书·地理学[M]. 北京：中国大百科全书出版社，1990.

沈括30岁时，梦见一风景优美之地，山明水秀，花木繁茂，此后曾数次梦到此地。十余年后，经道人介绍，托人在镇江以钱三十万买了一块园地，然并未见之。元祐元年（公元1086年），沈括路过镇江，见其园，宛若梦中所游之地，于是遂举家移居于此，建草舍，筑小轩，将门前小溪命名为"梦溪"，庭院命名为"梦溪园"，并自撰《梦溪园记》：

"翁年三十许时，尝梦至一处，登小山，花木如覆锦，山之下有水，澄澈极目，而乔木翳其上。梦中乐之，将谋居焉。自尔岁一再或三四梦至其处，习之如平生之游。后十余年，翁谪守宣城，有道人无外，谓京口山川之胜，邑之人有圃求售者，及翁以钱三十万得之，然未知圃之何在。又后六年，翁坐边议谪废，乃庐于浔阳之熨斗洞，为庐山之游以终身焉。元祐元年，道京口，登道人所翦之圃，怳然乃梦中所游之地。翁叹曰：'吾缘在是矣。'于是弃浔阳之居，筑室于京口之陲。巨木蓊然，水出峡中，浑萦杳缭，环地之一偏者，目之曰'梦溪'。溪之土耸然为邱，千木之花缘焉者，'百花堆'也。腹堆而庐其间者，翁之栖也。其西荫于花竹之间，翁之所憩'毂轩'也。轩之瞰，有阁俯于阡陌，巨木百寻哄其上者，'花堆'之阁也。据堆之巅，集茅以舍者，'岸老'之堂也。背堂而俯于'梦溪'之颜者，'苍峡'之亭也。西'花堆'，有竹万个，环以激波者，'竹坞'也。度竹而南，介途滨河锐而垣者，'杏嘴'也。竹间之可燕者，'萧萧堂'也。荫竹之南，轩于水溁者，'深斋'也。封高而缔，可以眺者，'远亭'也。居在城邑而荒芜古木与鹿豕杂处，客有至者，皆颦额而去，而翁独乐焉。渔于泉，舫于渊，俯仰于茂木美荫之间，所慕于古人者：陶潜、白居易、李约，谓之'三悦'。与之酬酢于心目之所寓者：琴、棋、禅、墨、丹、茶、吟、谈、酒，谓之'九客'。居四年而翁病，涉岁而益羸，濒槁木矣。岂翁将蜕于此乎？"

梦溪园占地十多亩，梦溪园是一个以水为主景，水环山抱的山水庭园。梦溪是园中景眼，"延而为溪，聚而为池"，水体景观的营造充分反映了沈括的造园思想和艺术高度。建筑缘溪依山而筑，岸老堂是园内的主景，踞于百花堆之巅，茅草加顶。壳轩在百花堆的中西部，掩映于花竹之间。壳轩向下便是百花阁，花阁浓荫覆盖，并有弯曲之园径，壳轩与百花阁位于花堆之同侧，互为对景。百花堆背面是苍峡亭，其离水面较近，可赏池水。萧萧堂在竹林深处。在竹林南侧水边安深斋。远亭所处位置是园内中一较高的小丘，可以远借园外之景。园内植物造景层次分明，乔、灌、花混交，树木蓊然，每至春秋，则百花盛开，营造出了"花如覆锦"的植物景观。

沈括在《梦溪笔谈》中曾很传神地描述了自己在园林中丰富的生活："渔于泉，舫于渊，俯仰于茂木美荫之间"，"琴、棋、禅、墨、丹、茶、吟、谈、酒谓之'九客'"。可见梦溪园不仅满足"园游"的审美要求，而且还满足了垂钓、泛舟、抚琴、对弈、参禅、挥墨、作画、吟诗、品茗、清谈、饮酒、著书等"园居"的功能要求。

沈括卜居于此8年（57—65岁），"存中居梦溪八年而卒，归葬钱塘，子孙犹家居于京口，而梦溪他属矣"。梦溪园逐渐荒芜，南宋宁宗年间，辛弃疾任镇江知府时，曾修葺之。后梦溪园数易其主，清时梦溪园景色较胜，且多有人题咏。清后荒芜直至湮灭，原貌早已荡然无存。1985年，镇江市于纪念沈括逝世890周年之际局部复建了梦溪园。

图11-8 朱长文半身像

朱长文与乐圃

朱长文（公元1039—1098年）北宋书学理论家，字伯原，号乐圃、潜溪隐夫，苏州吴人（图11-8）。生于宋仁宗康定二年，卒于哲宗元符三年，年60岁。嘉祐四年(公元1059年)进士，他和其父亲及长子三代皆为进士，史称"累以三世进士登第"。以病足不肯仕，筑室乐圃坊，将园名之为"乐圃"，取孔子"乐天知命故不忧"和"颜子在陋巷，不改其乐，可谓至德也已"之意。米芾在《乐圃先生墓表》中称其有"山林趣"，《宋史》本传记载："士大夫过此以不到乐圃为耻，名动京师。"在此隐居20年，著述甚富，今存乐圃余稿八卷，及吴郡图经续记、墨池编、琴史，并传于世。

对于乐圃历史变革、园林布局及园居生活，朱长文于元丰三年（公元1080年）写下了《乐圃记》记之甚详：

"始钱氏时，广陵王元璙者，实守姑苏，好治林圃，其诸子狥其所好，各因隙地而营之，为台为沼。今城中遗址颇有存者，吾圃亦其一也。……

圃中有堂三楹，堂旁有庑，所以宅亲党也。堂之南，又为堂三楹，命之曰邃经，所以讲论六艺也。邃经之东，又有米廪，所以容岁储也。有鹤室，所以蓄鹤也。有蒙斋，所以教童蒙也。邃经之西北隅，有高冈，命之曰见山。冈上有琴台，台之西隅，有咏斋，予尝抚琴赋诗于此，所以名云。见山冈下有池，水入于坤维，跨篱为门，水由门萦纡曲引至于冈侧。东为溪，薄于巽隅。池中有亭，曰墨池，予尝集百氏妙迹于此而展玩也。池岸有亭，曰笔溪。其清可以濯笔。溪旁有钓渚，其静可以垂纶也。钓渚与邃经堂相直焉。有三桥，度溪而南出者，谓之招隐，绝池至于墨池亭者，谓之幽兴；循冈北走，度水至于西圃者，谓之西涧。西圃有草堂，草堂之后有华严庵。

草堂西南有土而高者，谓之西丘。其木则松、桧、梧、柏、黄杨、冬青、椅桐、柽、柳之类，柯叶相幡，与风飘扬，高或参云，大或合抱，或直如绳，或曲如钩，或蔓如附，或偃如傲，或参加鼎足，或并如钗股，或圆如盖，或深如幄，或如蜕虬卧，或如惊蛇走，名不可以尽记，状不可以殚书也。虽霜雪之所摧压，飙霆之所击撼，槎枒摧折，而气象未衰。其花卉则春繁秋孤，冬曝夏茜……

予以此圃，朝则诵羲、文之《易》，孔氏之《春秋》，索《诗》《书》之精微，明《礼》《乐》之度数；夕则泛览群史，历观百氏，考古人是非，正前史之得失。当其暇，曳杖逍遥，陟高临深，飞翰不惊，皓鹤前引，揭厉于浅流，跨躇于平皋，种木灌园，寒耕暑耘，虽三事之位，万钟之禄，不足以易吾乐也。"

乐圃规模恢宏，圃中园林景观有堂、鹤室、高冈、琴台、斋、池、溪、亭等，且赋予不同的功用，榭池沼、竹木花木中可读书、怀古、教书、抚琴、咏诗、垂钓……将北宋文人山水写意园的景构与园居生活可谓刻画得淋漓尽致。乐圃中所用园林花木种类繁多，有松、桧、梧、柏、黄杨、冬青、椅桐、柽、柳、各色花卉……各种姿态的植物之间互相配合，相得益彰。乐圃后为学道书院，元末为张氏的"乐圃林馆"，明清所属主人历经数次更迭，道光年间为王氏耕荫义庄，堂曰环秀山庄。

多才多艺的朱长文不但喜爱、吟诵自己的乐圃，对于苏州的园林、景物也是充满着无限的热爱，写下了历史上为数不多的咏府学园林的诗篇《苏学十题》，诗中借景抒情，突出地体现了园林中府学、教化的氛围。他对于寺观园林和风景名胜相结合的"吴中第一名胜"虎丘更是喜爱有加，推崇备至，写下了《蒲、章诸公虎丘唱和诗题辞》、《游虎丘借前韵》、《重九同游虎丘与祖印三首》等诸多篇什。其中作于元祐三年（公元1080年）的《蒲、章诸公虎丘唱和诗题辞》概括了虎丘自然形胜的三绝：

"虎丘之景，盖有三绝：望山之形，不越岗陵，而登之者见层峰峭壁，势足千仞，一绝也；近邻郛郭，矗起原隰，旁无连属，万景都会，西炼穹窿，北垣海虞，震泽沧州，云气出没，廓然四顾，指掌千里，二绝也；剑池泓淳，彻海浸云，不盈不虚，终古湛湛，三绝也。"

12. 宋徽宗：
最具"艺术天分"的皇帝造园家

> 华夏民族之文化，历数千载之演进，造极于赵宋之世。
>
> ——陈寅恪[1]

[1] 陈寅恪. 金明馆丛稿二编[M]. 上海：上海古籍出版社，1980.

　　北宋王朝的建立，结束了自唐末以来四分五裂的局面，实现中国大部统一，开启了中国封建王朝发展的华丽篇章。北宋时期的社会经济非常发达，处于中国封建王朝的顶峰，无论是经济，还是文化、科技等无不遥遥领先于世界。世界著名经济史学家贡德·弗兰克在《白银资本》一书中认为：

图12-1 《金明池夺标图》（宋·张择端）

[1] (德)贡德·弗兰克.白银资本[M].刘北成译.北京:中央编译出版社,2000.

"十一世纪和十二世纪的宋代,中国无疑是世界上经济最先进的地区。自十一世纪和十二世纪的宋代以来,中国的经济在工业化、商业化、货币化和城市化方面远远超过世界其他地方。"[1]

宋朝还是中国历史上经济与文化教育最繁荣的时代之一,北宋都城开封是最繁华的城市,城市发展格局彻底打破了以前"坊"、"市"的界线,市内手工业作坊众多,街道两旁商店、旅舍、货摊林立(图12-1)。宋人张择端所画《清明上河图》,就是当时城市商业繁荣的艺术反映。

这样的时代背景下,宋代造园艺术上承隋唐,下启明清,在中国古典园林艺术史上具有很高的地位,进入完全成熟时期。北宋东京、南宋临安都有许多皇家园林建置,皇家园林的发展又出现了一次高潮,其艺术和技法的精密程度极高。北宋皇家园林主要有东京大内御园后苑、延福宫、艮岳和北宋初年兴建的行宫御苑"东京四苑"琼林苑、玉津园、金明池、宜春苑等。其中宋徽宗在北宋都城东京的艮岳最为宏大华丽。

艮岳造园艺术

宋徽宗(公元1082—1135年)赵佶,其兄宋哲宗早夭,死后传位于他,为宋朝第八位皇帝,在位25年。赵佶在位期间,过分追求奢侈生活,大肆搜刮民财,穷奢极侈。国亡被俘受折磨而死,终年54岁。

徽宗酷爱艺术,诗词、绘画、书法造诣很高,独创了瘦金体书法,并开创了工笔画法,是一位具有高深艺术天分和文化修养的皇帝,传世

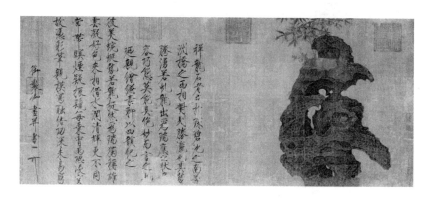

图12-2 祥龙石图卷(北京故宫博物院)

图12-3 听琴图(北京故宫博物院)

12. 宋徽宗:最具"艺术天分"的皇帝造园家

作品较多，有《腊梅山禽图》、《溪山秋色图》、《听琴图》、《文会图》、《雪山归棹图》等（图 12-2、图 12-3）。

宋朝徽宗时期出现了我国历史上第一次收藏热，当代著名收藏家马未都先生认为："宋代是一个收敛型的社会，对文化有一种聚集的想法，收藏热就形成了。尤其有了宋徽宗这样一个皇帝。这个皇帝政治上碌碌无为，艺术上却非常有造诣。"[1]

徽宗在位时将画家的地位提到在中国历史上最高的位置，成立当时的宫廷画院翰林书画院。作为皇帝的宋徽宗无疑是一位昏庸无能的失败者，是北宋王朝的悲哀，被世人所不齿，但作为文人书画家的他却因其对书画艺术的贡献而为人所称道。也正是这位中国历史上最为悲情的君王，这位历代皇帝中最有艺术细胞的艺术家皇帝在京城汴梁修建了一座举世无双的山水园林——艮岳园。

政和七年（公元1117年），初时是在景龙门内、上清宝箓宫之东修建，主峰为土筑，模拟杭州凤凰山之形态，取名"万岁山"。后凿池理水、设雕阑曲槛，茸亭台楼阁、栽奇花异树，历经6年不断营造，到宣和四年（公元1122年）竣工。初名万岁山，后因其建在东北，八卦中东北为艮，故改名艮岳园，亦号华阳宫。建成的艮岳位于汴京（今河南开封）景龙门内以东，封丘门（安远门）内以西，东华门内以北，景龙江以南，周长约6里，面积约为750亩（图12-4）。

赵佶虽好大喜功，生性轻佻多变，但他却对于艺术一往情深，是位十足的"文艺全才"，也确实胸中有丘壑林泉，为了兴建这座园林，宋徽宗亲自主持设计，亲自带领宫廷画院的画师设计，画成图纸。图纸画成后，命精于修建工程的宦官梁师成"尔乃按图度地，庀徒僝工，累土积石"，负责整体工程建设。在建设工程中不断从全国各地征集大量珍奇的花木和形态奇异的石头进京，特设专门机构应奉局，在同样富有出色艺术素养，且饱读诗书的丞相蔡京的逢迎与支持下，中国历史上赫赫有名的"花石纲"开始了。蔡京安排自己的心腹朱勔主持花石纲事务[2]。"花石纲"持续了20多年，所获奇石不计其数。

这位玩物丧志、纵欲无度、误国误民的皇帝受佞相蔡京"丰亨豫大"

[1] 马未都. 马未都说收藏——家具篇[M]. 北京：中华书局，2008.

[2] 宋徽宗时运输东南花石船只的编组。"纲"是宋代水路运输货物的组织，全国各地从水路运往京师的货物都要进行编组，一组谓之"纲"。

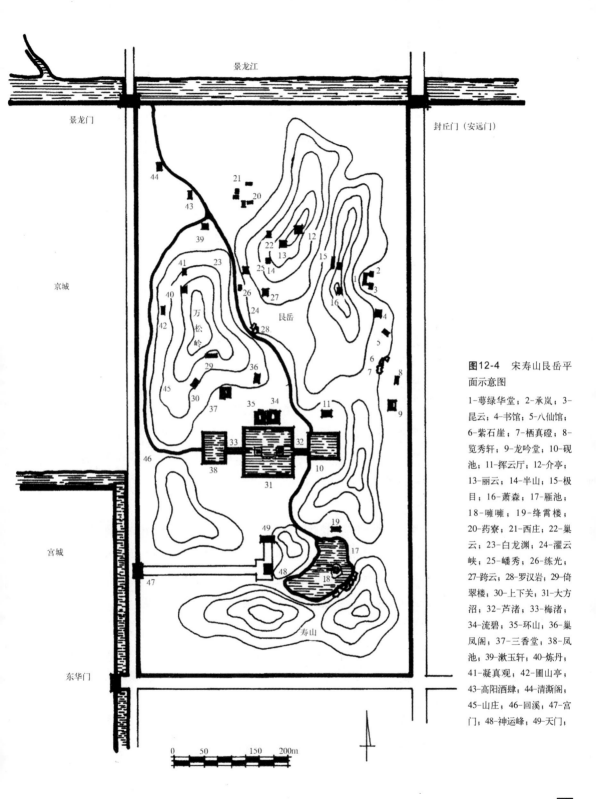

图12-4 宋寿山艮岳平面示意图

1-萼绿华堂；2-承岚；3-昆云；4-书馆；5-八仙馆；6-紫石崖；7-栖真磴；8-览秀轩；9-龙吟堂；10-砚池；11-挥云厅；12-介亭；13-丽云；14-半山；15-极目；16-萧森；17-雁池；18-噰噰；19-绛霄楼；20-药寮；21-西庄；22-巢云；23-白龙渊；24-濯云峡；25-蟠秀；26-练光；27-跨云；28-罗汉岩；29-倚翠楼；30-上下关；31-大方沼；32-芦渚；33-梅渚；34-流碧；35-环山；36-巢凤阁；37-三香堂；38-凤池；39-漱玉轩；40-炼丹；41-凝真观；42-圌山亭；43-高阳酒肆；44-清澌阁；45-山庄；46-回溪；47-宫门；48-神运峰；49-天门；

12. 宋徽宗：最具"艺术天分"的皇帝造园家

悖谬之论的蛊惑,不惜劳民伤财不断派人到全国各地遍览园林及各地名山大川的奇景异趣,取天下瑰奇特异之灵石,移南方艳美珍奇之花木,为其园林建设搜集素材,浓缩到艮岳园的有限空间之中。艮岳以大型人工假山来仿创中华大地山川之优美,是写意山水园的代表作,其假山的用材与施工技术均达到了很高的水平。寿山艮岳构成了自秦汉以来最为巧夺天工、气势恢宏的皇家园林。

艮岳园建成后,酷爱艺术的宋徽宗赵佶亲自写有《御制艮岳记》赞美艮岳园的雄奇壮美:

"……设洞庭湖口丝豀,仇池之深潇。与涧滨,林虑灵璧,芙蓉之诸山,最环奇特异瑶琨之石。即姑苏、武林、明越之壤,荆楚江湘南,粤之野,移枇杷、橙柚、柑榔步荔枝之木,金蛾、玉羞、虎耳、凤尾、索馨、渠那、茉莉、含笑之草。不以土地之殊,风气之异,悉生成长养于雕栏曲槛,而穿石出罅。罔连阜属,东西相望,前后相续。左山无右水,沿溪而旁陇,连帛县弥漫,吞山怀谷。

……自山豀石罅寨条下平陆,中立而四顾,则岩峡洞穴,亭阁楼观,乔木茂草,或高或下,或远或近,一出一入,一荣一雕,四面周匝。徘徊而仰顾,若在重山大壑深谷幽崖之底,不知京邑空旷,坦荡而平夷也。又不知郭郭寰会,纷萃而填委也。真天造地设,人谋鬼化,非人力所能为者。此举其梗概焉。"

李质、曹组的《艮岳百咏诗》更是对艮岳的100组景观景点进行了描写,而这100组景观景点中即包括了亭、馆、轩、楼、堂、阁、厅、斋、庵、庄、关、门等四十组建筑景观,岗、岭、岳、台、洞、峰、岫、谷、崖等二十余处山地景观,池、江、湖、溪、川、泉、峡、瀑、渚等十余处水色景致,百花、竹、海棠、杏等近十处植物景观。蜀僧祖秀在《华阳宫记》中不禁感叹:"时大雪新霁,丘壑林塘,杰若画本,凡天下之美,古今之胜在焉。祖秀周览累日,咨嗟惊愕,信天下之杰观,而天造有所未尽也。"

由于宋徽宗本身的艺术修养极高,是中国历代帝王中,艺术天分最高的皇帝。所主持营建的艮岳园景观具有浓郁的艺术和文化内涵。艮岳园打破了传统皇家园林宫苑合一的建造模式，以典型、概括的山水创作为主题，达到"放怀适情，游心赏玩"的建园目的。总体呈"左山右水"格局，山体从东、南、北三面包围着水体，形成山嵌水抱的态势。园中东半部以山为主，主峰万岁山，用土筑成，表面上用从南方运来的太湖石堆叠而成，大体轮廓仿杭州凤凰山，是全园最高点。寿山为宾位，万松岭为侧岭、芙蓉城为余脉，构成了主宾分明，层次鲜明的完整山系。艮岳园内园林花木包括乔木、灌木、藤本、水生植物、药用植物、草本花卉、木本花卉及农作物等数十种。这些园林植物栽植手法有孤植、丛植、混交，更多是大量成片栽植，形成了"梅岭"、"龙柏陂"、"杏岫"、"海棠川"、"椒崖"、"丁嶂"、"斑竹麓"等以植物为主题命名的景区、景点。园内还放养大量珍禽奇兽，据记载仅大鹿就有数千头，设专人饲养。

汪菊渊先生特称风格独特的艮岳为北宋山水宫苑，并总结认为到了北宋首次出现了艮岳这样纯以山水创作自然之趣为主题的宫苑。艮岳的创作不再以宫室建筑于其中为主体，而是山水风景为主体。艮岳的园林建筑，随形因势而筑，不再是单纯的建筑物，而是景的产物。艮岳的掇山理水，不再是单纯的逼真，而是以诗情画意写入园林，山水要与树木花草相结合，更加突出植物造景。艮岳的创作，体现了艺术家对自然美的认识和感情，表现了山水、植物、园林建筑等综合于一体，形成一个美的自然和美的生活的境域。[1]

周维权先生根据各种文献描述总结认为，艮岳称得起是一座叠山、理水、花木、建筑完美结合的具有浓郁诗情画意而较少皇家气派的人工山水园，它代表着宋代皇家园林风格特征和宫廷造园艺术的最高水平。它把大自然生态环境和各地的山水风景加以高度的概括、提炼、典型化而缩移摹写。建筑发挥重要的成景作用，但就园林的总体而言则又是从属于自然景观。[2]

刘天华先生指出艮岳之后，造园先作图，以表现艺术家的构思立意，也几乎成了惯例。除了景点布置，建筑亭台之式样用图标识外，园中假山堆叠的形象气势，也完全依赖于图中画山的各种不同笔法。[3]

朱育帆先生在其博士论文《艮岳景象研究》指出，艮岳设计者已完

[1] 汪菊渊. 中国古代园林史[M]. 第2版. 北京：中国建筑工业出版社，2012：208.

[2] 周维权. 中国古典园林史[M]. 第3版. 北京：清华大学出版社，2010：284.

[3] 刘天华. 画境文心：中国古典园林之美[M]. 北京：生活·读书·新知三联书店，2008.

全掌握了自然山水园创作的基本理论法，其园林设计和建造水平亦达到了相当高超的程度；艮岳的兴建促进了中国自然山水园风格由写实至写意的转变，并且构筑了其后皇家园林的造园定式，同时还使苑囿兴建成为都城形制的一部分，使园林第一次超越了自身的含义。[1]

[1] 朱育帆. 艮岳景象研究 [D]. 北京：北京林业大学，1997.

艮岳遗石

盛世造园，乱世毁园。强弩之末的北宋王朝，终因宋徽宗的荒淫残暴、腐朽无能引发"靖康之变"，走向灭亡。艮岳建成4年后，金兵破城，北宋灭亡，徽钦二帝当了俘虏。故国不堪回首中，宋徽宗采用对比的手法写下了《眼儿媚》词，抒发国破家亡的感慨，情感真挚悲切："玉京曾忆旧繁华，万里帝王家；琼树玉殿，朝喧弦管，暮列笙琶。花城人去今萧索，春梦绕胡沙；家山何处？忍听羌管，吹彻梅花！"宋徽宗从天子变为阶下囚，饱尝了人世间的辛酸和奇耻大辱，其遭遇比南唐后主李煜更为凄惨，在金国度过了8年牢狱生涯后，受折磨而死于五国城。

艮岳这座皇家园林在中国历史的长河中犹如昙花一现，随着北宋的灭亡就此毁于一旦。艮岳之中的大部分奇石，不是被激战炮火炸碎，就是被金兵运至金朝首都燕京。

这些奇石大部分都用于修建北海琼华岛，今日的北海公园内，在"琼岛春阴"碑的碑阴还刻有乾隆亲书的"艮岳移来石岜峨，千秋遗迹感怀多"的诗句。在中南海南海的瀛岛上，有用艮岳遗石堆砌的假山，相传这是清代叠山造园名家张南垣、张然父子精心之作。琼华岛南坡的引胜亭北与楞伽窟之间，乾隆十七年（公元1752年）立有一名石为"昆仑石"。这块峻峭的奇石是"艮岳御园"的旧物。此石与众多名石的形态不同，它是圆头矩方体，高1.7米，宽不足1米，厚不足0.5米，实际是一块字碑。此石的下面刻有乾隆皇帝御书"昆仑"二字，背面和东、西面分别刻有乾隆御制诗二首。石背刻诗曰："飞阁流丹切颢空，登临送目兴无穷，北凭太液平铺镜，南接金鳌侧饮虹；冬已半时梅馥馥，春将回处日融融，摩挲艮岳峰头石，千古兴亡一览中。"后署：悦心殿即景作，御笔。[2]

北宋灭亡后，未及启运和沿途散失的奇石，流落各处。其中遗留

[2] 百度百科：http://baike.baidu.com/view/267906.htm.

图12-5 冠云峰

至今的江南四大名石中有冠云峰、瑞云峰、玉玲珑等均为"花石纲"遗物。

冠云峰产于太湖，侥幸遗留江南，其后几经波折，至清同治十二年（公元1873年），这一奇石名峰终成留园三宝之一（图12-5）。冠云峰素白，冠云峰高5.7米，底高0.8米，总高为6.5米，重约5吨，据称是我国现存最高的湖石名峰，齐集了太湖石"瘦、皱、漏、透"四奇于一身。冠云峰高大伟岸，壁立当空，峭然耸峙，清秀瘦挺，纹理纵横，形态奇伟，右上部浑然块垒，笼络起隐；左下部文理纵横，皴皴若裂。

瑞云峰形若半月，多孔，玲珑多姿，峰高5.12米，宽3.25米，厚1.3

米,涡洞相套,褶皱相叠,剔透玲珑,被誉为妍巧甲于江南。为宋徽宗"花石纲"遗物。据记载,瑞云峰出自洞庭湖,为朱勔所采,上有"臣朱勔所进"四字。靖康乱,未进,弃诸河滨云。明代为董姓所得,董嫁女时将石作嫁妆赠给苏州富绅徐时泰,徐将石置于东园(即留园的前身),更名为瑞云峰。于乾隆四十四年(1799年)被织造太监从留园迁至当年织造署西花园——乾隆南巡行宫。现坐落在江苏省苏州市第十中学校园内。

上海豫园"玉玲珑"高约3米,宽约1.5米,厚约80厘米,重量3吨左右,具有太湖石的皱、漏、瘦、透之美,豫园的镇园之宝(图12-6)。"玉玲珑石最玲珑,品冠江南窍内通。花石纲中曾采入,幸逃艮岳劫灰红。"(《上海县竹枝词》)。明代,"玉玲珑"到了上海浦东三林塘人、太仆寺少卿官至江西参议储昱的私人花园中。万历年间,储昱的女儿嫁给尚书潘允端的弟弟潘允亮。后来潘家建造豫园时,便把"玉玲珑"移来。明代文学家王世贞有诗赞美:"压尽千峰耸碧空,佳名谁并玉玲珑。梵音阁下眠三日,要看缭天吐白虹。"

图12-6 玉玲珑

13. 计成：
明代园林设计师与造园理论家

> 虽由人作，宛自天开。
>
> ——计成《园冶》

计成造园实践与造园专著《园冶》

计成（公元1582—1642年），字无否，苏州吴江人。少年时代即以善画山水知名，喜好游历风景名胜，青年时代到过北京、湖广等地。中年回到江南，定居镇江，从事造园活动。

明天启三至四年（公元1623—1624年），应常州吴玄的聘请，营造了一处面积约为5亩的园林，名为东第园，是其成名之作。他的代表作还有明崇祯五年（1632年）在仪征县为汪士衡修建的寤园；1633年为阮大铖造怀宁石巢园；1634—1635年在扬州为郑元勋改建影园等。影园为计成后期作品，是明末扬州最著名的园林之一，其地之胜在于山影、水影、柳影之间，故名之曰"影园"。郑氏在《影园自记》中叙述："是役八月粗具，经年而竣。尽翻陈格，庶几有朴野之致。又以吾友计无否，善解人意，意之所向，指挥匠石，百无一失，故无毁画之恨。"20世纪80年代初，扬州园林处吴肇钊根据史料绘出了影园复原平面图和鸟瞰图，1982年10月发表了《计成与影园兴造》论文，对影园的选址和总体布局作了详细研究分析（图13-1、图13-2）。[1]

计成创作旺盛期约在明崇祯前期。明崇祯四年（1631年），他根据

[1] 汪菊渊. 中国古代园林史[M]. 北京：中国建筑工业出版社，2006.

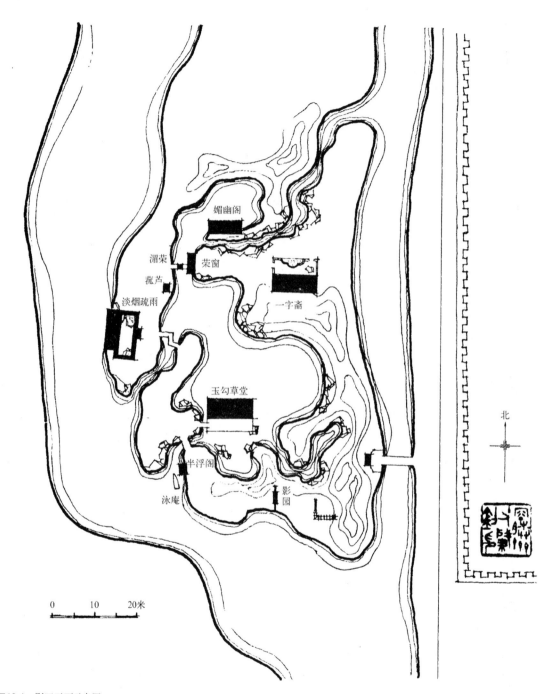

图13-1 影园平面示意图

图13-2 影园鸟瞰图

丰富的实践经验写成中国最早的和最系统的造园著作《园冶》一书。朱启钤在《哲匠录》中称计成和《园冶》为"尤重相地借景,发前人所未发,海内外论园林者,唯此一书而已"。

《园冶》自序中详细记录了计成造园心得和设计经历,并在曹元甫建议下由《园牧》改为《园冶》的缘由。

"不佞少以绘名,性好搜奇,最喜关仝、荆浩笔意,每宗之。游燕及楚,中岁归吴,择居润州。环润皆佳山水,润之好事者,取石巧者置竹木间为假山,予偶观之,为发一笑。或问曰:'何笑?'予曰:'世所闻有真斯有假,胡不假真山形,而假迎勾芒者之拳磊乎?'或曰'君能之乎?'遂偶为成'壁',瞻观者俱称'俨然佳山也';遂播闻于远近。适晋陵方伯吴又于公闻而招。公得基于城东,乃元朝温相故园,仅十五亩。公示予曰:'斯十亩为宅,余五亩,可效司马温公独乐制。'予观其基形最高,而穷其源最深,乔木参天,虬枝拂地。予曰:'此制不第宜掇石而高,且

13. 计成:明代园林设计师与造园理论家 127

宜搜土而下，合乔木参差山腰，蟠根嵌石，宛若画意；依水而上，构亭台错落池面，篆壑飞廊，想出意外。'落成，公喜曰：'从进而出，计步仅四里，自得谓江南之胜，惟吾独收矣。'别有小筑，片山斗室，予胸中所蕴奇，亦觉发抒略尽，益复自喜。时汪士衡中翰，言于銮江西筑，似为合志，与又于公所构，并驰南北江焉。暇草式所制，名《园牧》尔。姑孰曹元甫先生游于兹，主人皆予盘桓信宿。先生称赞不已，以为荆关之绘也，何能成于笔底？予遂出其式视先生。先生曰：'斯千古为文件者，何以云'牧'？斯乃君之开关，改之曰'冶'可矣。'

崇祯辛未知秋杪，否道人暇于扈冶堂中题"

该书刊行于崇祯七年（1634年），由阮大铖作序《园叙》，1635年，郑元勋为其又补写序言《题词》（图13-3）。《园冶》全书论述了宅园、别墅营建的原理和具体手法，涉及园林的规划、设计、施工等方方面面，为后世的园林建造提供了理论框架以及可供模仿的范本。《园冶》不仅提出了规划与设计园林的原则和规律，整理出了古代木建筑的结构与装修图案、总结了掇山理水的种类和技术原则，更满怀激情地描绘出17世纪江南文人园林的理想景境、生活功能和审美情趣，集中地体现了中国古代造园师们的实践智慧和艺术追求。[1]

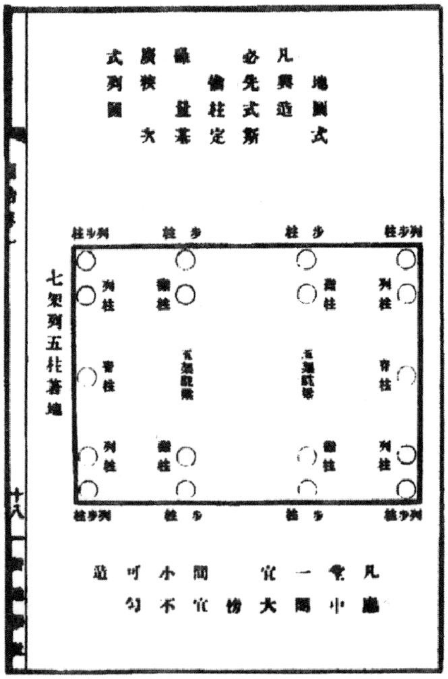

《园冶》，中国古代造园专著，也是中国第一本园林艺术理论的专著。《园冶》一书的精髓，可归纳为"虽由人作，宛自天开"，"巧于因借，精在体宜"两句话。这两句话的精神贯穿于全书。"虽由人作，宛自天开"说明造园所要达到的意境和艺术效果。"巧于因借，精在体宜"是《园冶》一

[1] 李世葵.《园冶》园林美学研究[M]. 北京：人民出版社，2010.

图13-3 《园冶》版面

书中最为精辟的论断,亦是我国传统的造园原则和手段。[1]

《园冶》全书共3卷,文字14000字左右,附图235幅,《园冶》采用以"骈四俪六"为其特征的骈体文,即多用四字、六字句对偶排比的骈体文,行文流畅,在文学上也有其一定的地位。我国当代园林美学家金学智先生称其为"一部值得品赏的不朽文学名著",认为从造园内涵到文字表达全面突出地张扬了文学精神,其重要目的之一就是力求文学对古典园林的陶染、渗透,并借赋体文学以抒发自己对园林的深厚感情。[2]

卷一包含了兴造论、园说以及相地、立基、屋宇、列架、装折几大部分。

第一卷卷首《兴造论》和《园说》纲领全书。《兴造论》起句"世之兴造,专主鸠匠,独不闻三分匠、七分主人之谚乎?非主人也,能主之人也",指出了造园中七分主人、三分匠人的造园思路,进而进一步论述"第园筑之主,犹须什九,而用匠什一",认为营造园林的主持人应该统揽全局,起到十分之九的作用。因为"园林巧于'因'、'借',精在'体''宜',愈非匠作可为,亦非主人所能自主者,须求得人,当要节用",突出强调了"因、借、体、宜"原则的重要性的同时,指出园林杰作的产生靠的是遵循这些原则的造园家,而不是工匠和园主人。

《园说》阐述园林用地、景物设计与审美情趣。相地篇,分别对山林、城市、村庄、郊野、宅旁、江湖六种不同的园基类型提出了具体的布局设计的要求;立基篇,论述了园林中建筑以及假山选址立基总体布局的关系;屋宇篇,梳理了各类建筑名称、功能以及梁深结构类型、变通方式后的图式;装折篇,包含园林屋宇内外空间结构的布局安排,解说了天花、屏门、仰尘、户槅(图13-4)等可折装木栍的式样与做法。

卷二记载了作者历经多年搜集积累的上百种栏杆样式,以及一些样式的制作方法,大都为江南园林中的图案花样。从明末直到清末的几百年中,栏杆样式基本没能超出其范围,可谓影响深远。

卷三由门窗、墙垣、铺地、掇山、选石、借景六篇组成(图13-5、图13-6)。门窗篇,描述了园林中不装门扇、窗扇的门窗以及它的装饰;墙垣篇,提出了"从雅遵时,令人欣赏"的原则;铺地篇,介绍了厅堂、

[1] 计成原著. 胡天寿译注. 园冶[M]. 重庆:重庆出版社, 2009.

[2] 金学智. 苏园品韵录[M]. 上海:上海三联书店, 2009.

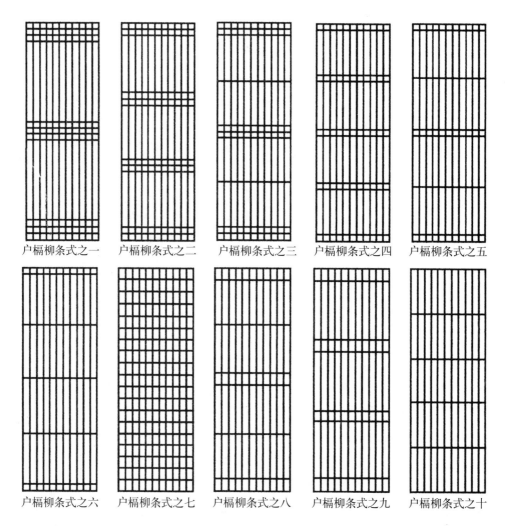

图13-4 《园冶》户槅图式

[1] 计成原著. 陈植注释. 园冶注释[M]. 北京:中国建筑工业出版社, 1988.

庭院、路径、平地及坡地地面的装饰铺设；掇山和选石篇，论述了园林里的各类假山的建造要领及用石，以及与假山有关的水的形态处理；借景篇，既是对全书的总结，亦是对全书的总结，亦是该书的精粹之一。[1]

"构园无格，借景有因。切要四时，何关八宅……夫借景，林园之最要者也。如远借，邻借，仰借，俯借，应时而借。然物情所逗，目寄心期，似意在笔先，庶几描写之尽哉。"

营造园林虽然没有定式，借景却一定要依据四时的变化。借景是造园成败的关键，是中国园林艺术的传统手法，原则是"极目所至，俗则屏之，

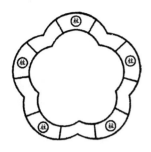
梅花亭地图式

六方式风窗窗棂图式，在形式上运用了中心发射构成法则

梅花式风窗窗棂图式，在形式上运用了发射构成法则

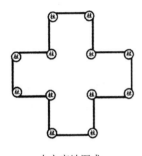
十字亭地图式

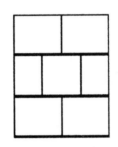
三截式风窗窗棂图式，在形式上运用了对称与近似构成法则

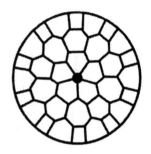
圆镜式风窗窗棂图式，在形式上运用了发射构成法则

图13-5　《园冶》园亭平面图式

图13-6　《园冶》风窗图式

嘉则收之"，同绘画一样遵循"意在笔先"。借景方式有远借、邻借、仰借、俯借，应时而借等。

最后作者以自识为跋，是后人了解作者生平和著述本书的重要资料：

"崇祯甲戌岁，予年五十有三，历尽风尘，业游已倦，少有林下风趣，逃名丘壑中，久资林园，似兴世故觉远，惟闻时事纷纷，隐心皆然，愧无买山力，甘为桃源溪口人也。自叹生人之时也，不遇时也；武侯三国之师，梁公女王之相，古之贤豪之时也，大不遇时也！何况草野疏愚，涉身丘壑，暇着斯'冶'，欲示二儿长生、长吉，但觅梨栗而已。故梓行合为世便。"

在十篇论述中，相地、立基、铺地、掇山、选石、借景篇是专门论述造园艺术的理论，也是全书的精华所在。而屋宇、装折、窗、墙垣则着重建筑艺术的具体论述。最后的借景篇为全书的总结，也是精华中的精华："夫借景，林园之最要者也，如远借、邻借、仰借、俯借、应时而借。然物情所逗，目寄心期，似意在笔先，庶几描写之尽哉。"

《园冶》在中国长期籍籍无名，鲜为人知近 300 年，只有清代李渔在《闲情偶寄·女墙》中提到《园冶》一书，究其缘由一说因为刊行该书并为本书作《冶叙》的是明末大奸臣阮大铖，故为读书人所不耻，又在清代一度被列为禁书。后通过民间书坊流入日本，抄本题名为《夺天工》，对日本园林影响很深，在造园界颇受推崇。20 世纪 30 年代，中国营造学社创办人朱启钤在日本搜罗到《园冶》抄本，又在北京图书馆找到喜咏轩丛书（明代刻本《园冶》残卷），并将此两种版本和日本东京内阁文库所藏明代刻本对照、整理、注释，断句标点，于 1932 年由中国营造学社刊行《园冶注释》，为目前各版本《园冶》的主要依据。1981 年陈植先生《园冶注释》由中国建筑工业出版社出版，1988 年经修订后又发行了《园冶注释》第二版。1991 年张家骥的《园冶全释》由山西人民出版社出版。陈植与张家骥两位先生的著作，使得《园冶》能够广泛传播，在二十余年中被广为阅读和流传。《园冶》一书集中反映的我国园林传统的造园思想，对于发扬和传承我国几千年的园林艺术起着重要的作用，为我国园林的发展作出了卓越的贡献。

园林与花木著作

除上述计成的《园冶》外，明末文震亨的《长物志》，清初李渔的《闲情偶寄》等著作的部分章节也涉及园林营造的理论阐述。

在我国传统园林艺术中，花木造景主要是烘托陪衬建筑物或点缀庭院空间，园林中许多景观的形成都与花木有直接或间接的联系。如"万壑松风"、"松壑清月"、"梨花伴月"、"金莲映月"等都是以花木作为景观的主题而命名。以园林花木材料"比德"在我国传统园林中颇为常见，不同的园林花木具有不同的内涵，玉兰，海棠，迎春，牡丹，桂花象征

"玉堂春富贵";以松柏体现其统治阶级的稳固和经久不衰,在北方皇家园林植物配置中成了重要的表现形式;而在南方私家宅院中,以白色粉墙为背景,配置几竿修竹,数块山石,三两棵芭蕉就构成了江南味十足的景观。而我国古代关于专门论述园林花木的著作要远比造园的理论著作丰富,主要有:

《竹谱》(公元5世纪中叶)是我国最早的一部竹类植物专著。作者戴凯之,字庆预,南朝刘宋时武昌(今湖北鄂城)人。《竹谱》的主要内容是记述各种竹的名称、形态、生境、产地和用途。《竹谱》继承和发展了前人对竹类研究的成果,问世不久,贾思勰便从《竹谱》中吸取竹类植物知识,并写入《齐民要术》。宋代以后该书流传极广,后来问世的有关竹类著作,如宋代赞宁《笋谱》,元代刘美之《续竹谱》等,皆深受其影响。

《洛阳牡丹记》为宋代欧阳修撰写,全文约2700字,分三篇。一曰"花品叙",列出牡丹品种24个,指出牡丹在中国生长的地域,认为"出洛阳者今为天下第一"。二曰"花释名",解说花名由来:"牡丹之名或以氏或以州或以地或以色或族其所异者而志之"。列举了各品种的来历和主要的形态特征,说珍贵的品种姚黄、魏紫被尊之为花王、花后,花型已有单叶型(单瓣)、千叶型(重瓣)的区分,花色已有黄、肉红、深红、浅红、朱砂红、白、紫、先白后红等。并记述了牡丹由药用本草扩展为花卉观赏的历程。三曰"风俗记",记述洛阳人赏花、种花、浇花、养花、医花的方法;并介绍了为将花王送到开封供皇帝欣赏,采用了竹笼里衬菜叶及蜡封花蒂的技术。[1]

《群芳谱》,编撰者明代王象晋(公元1561—1653年),字荩臣,号康宇,自称明农隐士、好生居士,山东新城(今山东桓台县)人。王象晋在率佣仆经营园圃的基础上,广泛收集古籍中有关资料编成此书。全书30卷(另有28卷本,内容全同),约40万字,初刻于明天启元年(公元1621年),后有多种刻本流传。全部内容按天、岁、谷、蔬、果、茶竹、桑麻、葛棉、药、木、花、卉、鹤鱼等十二谱分类,记载植物达400余种,每一植物分列种植、制用、疗治、典故、丽藻等项目,其中观赏植物约占一半,对一些重要

[1] 百度百科:http://baike.baidu.com/view/865579.htm.

花卉植物收集了很多品种名称。清康熙四十七年（公元 1708 年），汪灏等人奉康熙帝之命，在《群芳谱》的基础上改编成《广群芳谱》一百卷。

《花镜》，作者陈淏子完成时已 77 岁高龄。陈淏子自号西湖花隐翁，精通花卉栽培，被人称为花痴、书痴，明亡之后不愿为官，退守田园，率领家人种植花草并设"文园馆课"。《花镜》全书六卷，约 11 万字，卷一花历种栽即栽花月历，卷二课花十八法，即栽培总论，为全书之精华。卷三至卷五为栽培各论，分别为花木类考、藤蔓类考、花草类考，分述 352 种花卉、果木、蔬菜、药草的生长习性、产地、形态特征、花期及栽培大略、用途等。卷六附禽兽鳞虫类考。《花镜》是我国古代观赏园艺学科的开山之作，奠定了中国传统观赏园艺学发展的基础。《花镜》文字优美、流畅，所载技术精巧且便于实用，被视为栽花务果的"秘诀"。据《日本博物学史》载，《花镜》问世后的几十年内即有三批十四部经日本商船自南京运抵长崎，由日本学者加注训读、重刻出版，对日本造园艺术发展影响深远。

这些传统的园林花木的巨著是我国古典园林文化艺术的重要组成部分，所论述的栽培技术或园林美学理论，都是指导园林营建的宝贵财富。

14. 米万钟、袁枚：
明清文人造园家

>　　主人无俗态，筑圃见文心。
>
>　　　　　　——陈继儒《青莲山房》

米万钟与米氏三园

　　米万钟字仲诏、子愿，号石友，又号石隐庵居士，关中（今陕西）人，居燕京（今北京），米芾后裔，明朝著名画家。万历二十三年（公元1595年）进士，仕至太仆少卿、江西按察使。行草得米芾家法，与董其昌齐名，有"南董北米"之誉。有好石之癖，善山水、花竹，书、画作品流传甚多，传世画作有《竹菊图》、《竹石菊花图》、《山水图》、《碧溪垂钓图》、《红杏双燕图》等，并著有《澄澹堂文集》十二卷，《诗集》十二卷，《易经》十二卷，《石史》十六卷，《琴史》八卷等。

　　米万钟博学多艺，不仅诗文翰墨驰誉天下，而且在石刻、琴瑟、篆隶、棋艺、绘画以及造园艺术等方面均有较高造诣。曾在京城营造德胜门积水潭漫园、皇城西墙根湛园、海淀勺园三座宅邸园林。三园选址均临水而建，因借远山近水，有着山水园、山水诗、山水画的意境，代表了明代北方私家园林造园水平。米氏三园作为明代北方私人宅邸园林的经典之作，在当时名噪京都，受到达官显贵、文人墨客的喜爱，皆以到米氏三园游览为荣，米万钟也因园名噪，京都名流皆赞：米家有四奇，即园、灯、石、童。

漫园在德胜门积水潭之东,园中构阁,高 3 层。米万钟所作《漫园初成诗》曰:

"纪胜无劳出郭奥,卧游眺听日堪书。岚衢石发萦山带,梵挟松弦韵木鱼。狎主风烟俱老大,惯亲鸥鸟独迂疏。偶从图画亲摹得,疑向江乡乍卜居。"

湛园,建成于万历二十五年(公元 1597 年),坐落在皇城西墙根下,有石丈斋、石林、仙籁馆、茶寮、书画船、绣佛居、竹渚、歇云亭诸胜,曲水流觞,并也用以灌溉竹园、花圃。米万钟自题湛园诗曰:"主人心本湛,以湛名其园。有时成坐隐,为客开清樽。闲云归竹渚,落日深松门。登台候山月,流辉如晤言。"

勺园,位于北京海淀之滨,约建于明万历三十九年至四十一年间(公元 1611—1613 年)。取"海淀一勺"之意,名为勺园,又名"风烟里",占地百余亩,是明代北京西郊海淀一带私人别业集聚区最著名的宅邸园林之一。勺园与清华园齐名,为京师最著名的私家园林,据明文献《帝京景物略》载:"李园(清华园)壮丽,米园曲折;米园不俗,李园不酸。"同时,勺园也是米万钟"四奇"精华的集中体现,有"京国园林趋海淀,游人多集米家园"之誉。

勺园的营造园充分考虑到海淀沼泽地带的特点,因地制宜,巧借西山之景,充分利用水的有利条件,融会到造园布局之中。据明文献《帝京景物略》记载:"米太仆勺园,百亩耳,望之等深,步焉则等远。入路,柳数行,乱石数垛。路而南,陂焉。陂上,桥高于屋,桥上,望园一方,皆水也。水皆莲,莲皆以白。堂楼台榭,数可八九,近可得四,覆者皆柳也。肃者皆松,列者皆槐,笋者皆石及竹。水之,使不得径也。栈而阁道之,使不得舟也。堂室无通户,左右无兼径,阶必以渠,取道必渠之外廊。其取道也,板而槛,七之。树根槎枒,二之。砌上下折,一之。客从桥上指,了了也。下桥而北,园始门焉。入门,客憎然矣。意所畅,穷目。目所畅穷趾。朝光在树,疑中疑夕,东西迷也。最后一堂,忽启北窗,稻畦千顷,急视,幸日乃未曛。"[1]

[1] 明·刘侗,于奕正.帝京景物略[M]. 北京:北京古籍出版社,1980:218.

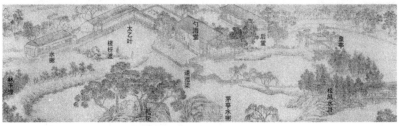

图14-1 米万钟《勺园修禊图》北京大学图书馆藏

米万钟常与宾客泛舟游湖，饮酒咏诗。米万钟亲绘《勺园修禊图》（图14-1），并自题勺园诗云：

> 幽居卜筑藕花间，半掩柴扉日日闲。
> 新竹移来宜作径，长松老去好成关。
> 绕堤尽是苍烟护，旁舍都将碧水环。
> 更喜高楼明月夜，悠然把酒对西山。

米万钟晚年曾手绘《勺园修禊图》并传于世，可见勺园全貌及园林建筑布局。米万钟非常喜爱他的勺园，自谓："虽不能佳丽，然而高柳长松，清渠碧水，虚亭小阁，曲槛回堤。种种有致，亦足自娱"勺园格局继承了唐宋以来写意山水园的传统，构思巧妙，精致优雅，并融入了浓郁的文人意趣。20世纪50年代王世仁先生根据原图和文字考证，作出了勺园的部分想象图，并对图中庭院作了分析（图14-2、图14-3）。2009年清华

图14-2 勺园之一部分
布置想象图

图14-3 勺园平面想象图
（文水陂景区）

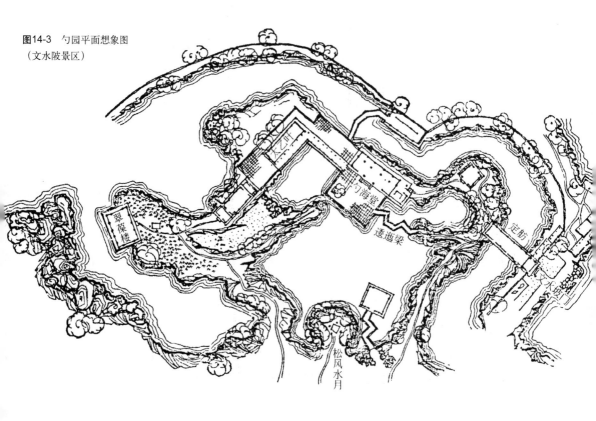

大学建筑学院贾珺教授根据相关史料文字和米氏《勺园修禊图》重新绘制了勺园复原平面图（图14-4）。

勺园于明末逐渐荒废。清初归官家所辖，不久辟为弘雅园，清康熙将其赐予郑亲王为邸园。后改为集贤院又赐予文华殿大学士和珅，和珅扩建后又更名漱春园。嘉庆四年（公元1799年），和珅获罪入狱，漱春园收归内务府。民国初年，军阀陈宗藩从睿王后代德七手中用两万银元购得，又改称肆勤农园，后被燕京大学购买作为校址。现为北京大学校园的一部分。

石痴米万钟

米万钟爱石成癖，号称友石先生。据《奇石记》记载："米氏万钟嗜石成癖，宦游四方，所积惟石而已。"他一生走了很多地方，跋山涉水，不怕艰险，收藏了大量奇形怪石，对每一块石头都细心观察，认真研究，画貌题赞，整理成《绢本画石长卷》（现被收藏在北京大学图书馆）。古云山房为米万钟之居所，所藏奇石多置其中，当时都中人士纷纷称赞米家石。诗云：

"磊块之中品是仙，是谁遇得即擎拳。
米家旧癖传袍笏，仲诏新情寄岛川。
海外神仙皆宿地，袖中洞府可移天。
园公笑对芝童说，灯下盟心此共坚。"

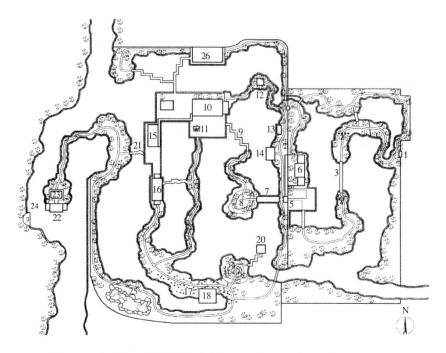

图14-4 勺园复原平面图
1-风烟里（园门）；2-牌坊；3-缨云桥；4-雀浜；5-文水陂；6-小院；7-定舫；8-松风水月；9-逶迤梁；10-勺海堂；11-湖石；12-泉亭；13-濯月池；14-蒸云楼；15-太乙叶；16-水榭；17-林于藻；18-翠葆楼；19-松坨；20-茅亭水榭；21-槎枒渡；22-水榭；23-石台楼阁；24-半圆石台；25-假山；26-后堂

今颐和园内乐寿堂前的"青芝岫"石（图14-5）和中山公园内的青云片（图14-6），都是米万钟遗物。均采自北京大房山，人称姊妹石，二石合称"大青小青"。大青突兀雄厚，小青则玲珑通透，因此又把青芝岫称为雄石，把青云片称为雌石。

青芝岫，长8米，宽2米，高4米，重二十余吨。石身上宽下窄，形似灵芝。此石原产北京房山大石窝，400多年前被米万钟发现，决定将其运至勺园装点庭院。米万钟不惜财力，当时雇佣300余名壮夫和一辆有40匹马拉的重轮车，用了7天才运石出山，又走了5天，正当米万钟准备一鼓作气，将此石运回他的勺园的时候，却不幸遭魏忠贤诬告而罢官，巨石遂被弃在路旁。当地乡民认为此石不吉利，称其为"败家石"，从此无人问津。乾隆初年，弘历帝发现此石令将其运至清漪园，并赐名曰青芝岫，石上东刻"莲秀"，西侧刻"玉英"。并题刻有乾隆草书《青芝岫》诗，其文曰："米万钟《大石记》云：'房山有石，长三丈，广七尺，色青而润，欲致勺园，仅达良乡，工力竭而止。'今其石仍在，命移置万寿山之乐寿堂，名之曰青芝岫，而系以诗……"

图14-5 青芝岫

图14-6 青云片

青云片，原是圆明园四十景之一"别有洞天"景区内"时赏斋"前故物。1860年圆明园被毁后，该石被弃于荒野，1925年，才被从废墟中挖出，移置于今天中山公园内，遂成为公园中的一景。至今，青云片石及底座基本完好。

袁枚与随园

袁枚（公元1716—1797年），清代诗人、散文家。字子才，号简斋，晚年自号仓山居士、随园主人、随园老人。汉族，钱塘（今浙江杭州）人。

图14-7 随园访胜（麟庆：《鸿雪因缘图记》）

乾隆四年（公元 1739 年）进士，历任沭阳、江宁等县知县。33 岁父亲亡故，辞官养母，在江宁（南京）小仓山下购置隋氏废园，改名"随园"，筑室定居，自此，他在随园过了近 50 年的闲适园居生活，世称随园先生。袁枚是乾嘉时期代表诗人之一，为文自成一家，与纪晓岚齐名，时称"南袁北纪"。著有《小仓山房集》，《随园诗话》16 卷及《补遗》10 卷，《新齐谐》24 卷及《续新齐谐》10 卷，散文、尺牍等 30 余种。

乾隆十年（公元 1745 年），袁枚以三百金购下原江宁织造隋赫德的"隋园"，取"随遇而安"之意，袁枚将"隋园"改名为"随园"（图 14-7）。一说随园最初原为曹𫖯所建，是曹雪芹祖父曹寅的府第，曹家被抄后，雍正帝才把曹氏家园赐给了继任江宁织造的隋赫德。隋家衰落之后，又将园子卖给了时任江宁知县的清代诗人袁枚。为红学家所争论不休，但并无定论。

乾隆十三年（公元 1748 年），他辞官居园中，次年写《随园记》：

"金陵自北门桥西行二里，得小仓山。山自清凉胚胎，分两岭而下，尽桥而止。蜿蜒狭长，中有清池水田，俗号干河沿。河未干时，清凉山为南唐避暑所，盛可想也。凡称金陵之胜者，南曰雨花台，西南曰莫愁湖，北曰钟山，东曰冶城，东北曰孝陵，西曰鸡鸣寺。登小仓山，诸景隆然上浮，凡江湖之大，云烟之变，非山之所有者，皆山之所有也。

康熙时，织造隋公当山之北巅构堂皇，缭垣牖，树之荻千章、桂千畦，都人游者翕然盛一时，号曰隋园，因其姓也。后三十年，余宰江宁，园倾且颓弛，其室为酒肆，舆台嚾呶，禽鸟厌之，不肯妪伏，百卉芜谢，春风不能花。余恻然而悲，问其值，曰三百金。购以月俸。茨墙剪阖，易檐改涂。随其高为置江楼，随其下为置溪亭，随其夹涧为之桥，随其湍

图14-9　清 尤诏、汪恭 随园湖楼请业图

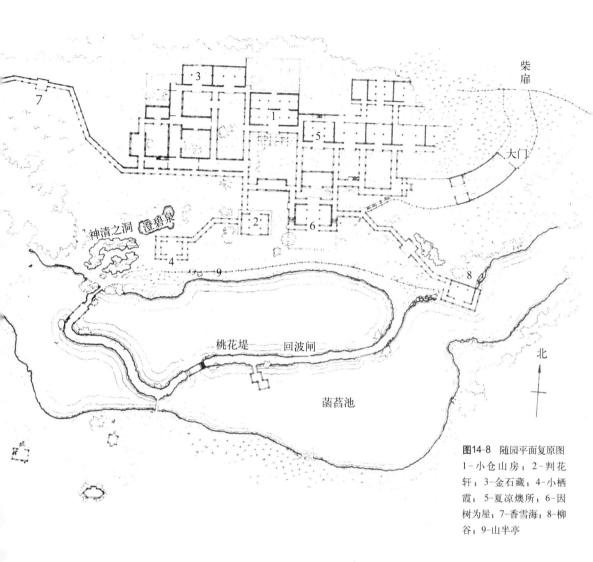

图14-8 随园平面复原图
1-小仓山房；2-判花轩；3-金石藏；4-小栖霞；5-夏凉燠所；6-因树为屋；7-香雪海；8-柳谷；9-山半亭

流为之舟。随其地之隆中而欹侧也，为缀峰岫；随其蓊郁而旷也，为设宦窔。或扶而起之，或挤而止之，皆随其丰杀繁瘠，就势取景，而莫之夭阏者，故仍名曰随园，同其音，易其义。

落成，叹曰：'使吾官于此，则月一至焉；使吾居于此，则日日至焉。二者不可得兼，舍官而取园者也。'遂乞病，率弟香亭、甥湄君移书史居随园。闻之苏子曰：'君子不必仕，不必不仕。'然则余之仕与不仕，与居兹园之久与不久，亦随之而已。夫两物之能相易者，其一物之足以胜之也。余竟以一官易此园，园之奇可以见矣。

己巳三月记。"

这篇园记，先历叙园的地理位置，接着以"随"字谋篇，描述了修葺宅园的经过和园中景致，抒发了作者享受山水之乐的独特感受。生性风雅的袁枚在购下随园后，整顿随园，随顺自然，就势取景，在园中设置了苍山云舍、香雪海、书仓、双湖、澄碧泉、小栖霞等24景。可惜的是，当年让人叹为观止的景致，现在已经难寻踪迹。

乾隆十三年（公元1748年），袁枚辞官居园中，吟诗作文，结交士子权贵，近半个世纪里"排日延宾，通宵宴客"，"几有应接不暇之势"（图14-9）。《随园记》后又作多篇记文《随园后记》、《随园三记》、《随园四记》、《随园五记》、《随园六记》、《戊子中秋记游》等收录在《小仓山房文集》卷十二。相传，清代达官贵人来随园更是虔诚之至，都在距随园数里外的红土桥摒弃轿舆与仪仗，轻车简从，步行上山。据说乾隆皇帝听到士人们称赞随园，还曾派人来这里作画送到宫中，分享了这一园林盛况。

65岁以后，袁枚开始游山玩水，游遍名山大川，浙江的天台、雁荡、四明、雪窦等山，安徽游过黄山、江西庐山、广东、广西、湖南、福建等地。除了欣赏群山万壑、山涧溪流的美景之际，亦不忘留意当地的"茶叶文化"，喜爱品茶的他也尝遍南北名茶，并且将它一一记载下来。

嘉庆二年（公元1797年）袁枚病殁，不久随园就荒芜湮没了。袁枚死后即葬于随园。其墓现位于小仓山南岭随家仓的百步仓上。墓原有石牌坊，上刻"清故袁随园先生墓道"九字，并树"皇清诰授奉政大夫显考袁简斋之墓"石碑一块，碑文为古文家姚鼐所撰。

15. 文徵明、文震亨：
文氏祖孙的江南园林情结

> 石令人幽静，水令人旷达。园林中，水、石最不可或缺。山水的峭拔回环，要布局得当，相得益彰。造一山，有壁立千仞之险峻，设一水，具江湖万里之浩渺。
> ——明·文震亨

文徵明号"衡山居士"，世称"文衡山"，其目的是怀念远在衡山的先世祖宗。据《衡山观湘文氏族谱》考证，文徵明先祖文宝"宋末，世乱致仕，留家衡山二十二都，今既字二十二区礼厚，为衡山三卿各派始祖"。明朝中期，文徵明的曾祖父文定聪在苏州府任职，举家由衡山迁到苏州，为文氏苏州派的始祖。

文氏家族凭借着内在的家族意识与文化艺术传承跨越明清两代，几百年间，形成了苏州著名的文化世家。整个家族于明清时期，在文学艺术领域尤其是诗文、书法、绘画、篆刻和园林等方面取得了斐然的成就。文氏一家是苏州有名望的书香门第，活跃于书坛、画坛的名门望族。先世武弁的文氏家族在迁苏后弃武习文，更是涌现出了如廉政表率文林、文坛奇葩文徵明，印学大师文彭，状元大学士文震孟，晚明才子文震亨等社会贤达名流。画家沈春泽为文震亨《长物志》作序中称赞文家在苏州已是"冠冕吴趋"，"家声香远"，文家的书画更是

"穷吴人巧心妙手",文家的园林是"盘礴累日,婵娟为堂,玉局为斋,令人不胜描画"。[1]

苏州有着数千年的文化积淀,不仅人文荟萃,更有着"江南园林甲天下,苏州园林甲江南"的美誉,苏州素以园林美景享有盛名。在达千年之久的苏州造园历史上,文人雅士占据着举足轻重的地位,文人参与营建园林从而造就了诗情画意的苏州文人写意山水园林,但同时也造就了一批造园家和园林理论家,其中以文氏祖孙文徵明、文震亨和计成三位为代表。

文徵明与拙政园

文徵明(公元1470—1559年),原名壁,字徵明,长洲(今江苏苏州)人(图15-1)。明代画家、书法家、文学家。42岁起以字行,更字征仲,因先世衡山人,故号衡山居士,世称"文衡山"。生于明宪宗成化六年(公元1470年),卒于明世宗嘉靖三十八年(公元1559年)。

文徵明诗宗白居易、苏轼,文受业于吴宽,学书于李应祯,学画于沈周,字仿黄庭坚。尤精小楷,亦能隶书,擅山水,师法宋、元,构图平稳,笔墨苍润秀雅。在诗文上,与祝允明、唐寅、徐真卿并称"吴中四才子"。在画史上与沈周、唐寅、仇英合称"吴门四家"。文徵明传世画作有《千岩竞秀》、《万壑争流》、《湘君夫人图》、《石湖草堂》、《石湖诗画》、《横塘诗意》、《虎丘图》、《天平纪游图》、《灵岩山图》、《洞庭西山图》、《拙政园图》等。传世书作有《醉翁亭记》、《滕王阁序》、《赤壁赋》等,著有《甫田集》,编有《停玉馆法帖》等。

文徵明不仅诗、书、画成就斐然,他还擅长具有三维空间的园林庭院的设计,曾参与设计紫芝园、拙政园。据王穉登《紫芝园记》记载,苏州徐氏紫芝园即文徵明所布画。文徵明不仅参与造园、赏园、咏园,还爱绘园,他的细笔青绿山水《金阊名园图》,以园林实景为题材进行创作,记录并反映了当时苏州园林的盛况。

拙政园初建时,园主王献臣和文徵明过从甚密,文徵明曾为王献臣的父亲写过《王氏敕命碑阴记》。在王献臣建拙政园的过程中,他也参与了造园设计,以水为主体,辅以植栽,在园林中融合山水画的审美情趣

图15-1 文徵明像

[1] 杨昇. 长洲文氏的家族积淀与文徵明的出现[J]. 浙江师范大学学报(社会科学版),2009(06).

和意境，形成典型的文人写意山水园林。

自正德七年（1512）至嘉靖三十七年（1558年），文徵明先后5次绘写园景，今存作于嘉靖十二年（1533年）的《拙政园图》册，为绢本大册，有若墅堂、梦隐楼、倚玉轩、小飞虹、芙蓉隈、小沧浪、志清处、意远台、待霜亭、听松风处、得真亭、湘筠坞、槐雨亭、芭蕉槛、嘉实亭等三十一景（图15-2）。同年，除绘图外，文徵明为三十一景各题诗一首，分别用小楷、隶书等写在各景的对页上，并作《王氏拙政园记》，叙述景观布局和园主故实。"记、诗、图出自一人之手，此人又是享有盛名的文徵明，这是园林史上从未有的盛事。"[1]

"槐雨先生王君敬止，所居在郡城东北，界齐、娄门之间。居多隙地，有积水亘其中，稍加浚治，环以林木。为重屋其阳，曰梦隐楼；为堂其阴，曰若墅堂。堂之前为繁香坞，其后为倚玉轩，轩北直梦隐。绝水为梁，曰小飞虹。逾小飞虹而北，循水西行，岸多木芙蓉，曰芙蓉隈。又西，中流为榭，曰小沧浪亭……自桃花沜而南，水流渐细，至是伏流而南，逾百武，出于别圃丛竹之间，是为竹涧。竹涧之东，江梅百株，花

[1] 高居翰等. 不朽的林泉：中国古代园林绘画 [M]. 北京：生活•读书•新知三联书店，2012.

图15-2 文徵明《拙政园图》册（苏州博物馆）

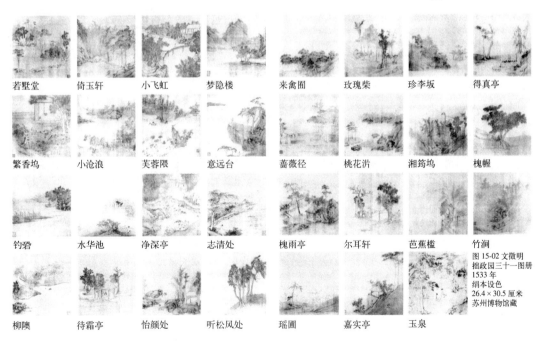

图15-02 文徵明
拙政园三十一图册
1533年
绢本设色
26.4×30.5厘米
苏州博物馆藏

时香雪烂然,望如瑶林玉树,曰瑶圃。圃中有亭,曰嘉实亭,泉曰玉泉。凡为堂一,楼一,为亭六,轩、槛、池、台、坞、涧之属二十有三,总三十有一,名曰拙政园。"

《王氏拙政园记》石刻现位于倒影楼下拜文揖沈之斋,这篇园记前半部分用写实的手法描写园中之景。后半部分立议,并指明拙政园园名的由来"此亦拙者之为政也",并自比潘岳才华过人而仕途坎坷,认为自己做官太"拙"而乏"巧",传达了王氏归隐田园,自耕自食的"笨拙人"处世之道。

图15-3 拙政园中西部平面图

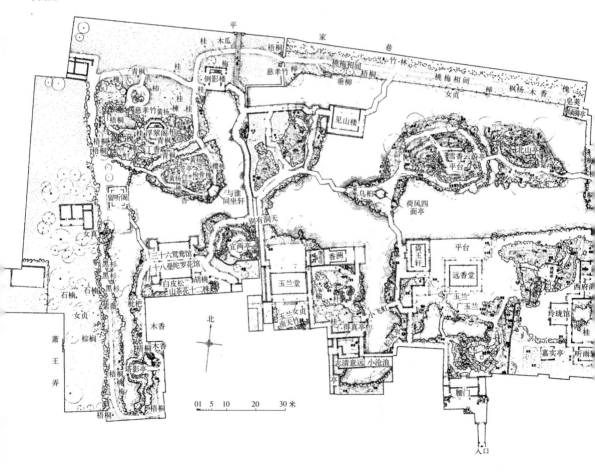

图15-4 拙政园水廊和与谁同坐轩

藤为建园之初，书画家文徵明亲手栽植，至今已逾400年，为拙政园古木名景。藤架下立石碑一块，上刻"文衡山先生手植藤"，为清光绪年间苏州巡抚端方所题。紫藤主干胸径达22厘米，夭矫盘曲，鹤形龙势，极有观赏价值，被誉之为"苏州三绝"之一。历代骚人墨客题咏其多，晚清蒋吟秋曾有诗曰："拙政名园访紫藤，繁花密叶一层层，衡山手植资回念，盘旋神龙势欲腾。"

拙政园的建造历时十余年（图15-3、图15-4），竣工后约半年光景，建园人王献臣便撒手人寰。传到王献臣不争气的儿子手里，其子好赌，被人在赌局中设下陷阱，结果一夜狂赌之后，将拙政园拱手交给徐家。

文震亨：晚明造园家理论家

文震亨（1585—1645年），字启美，明湖广衡山人，系籍长洲（今江苏苏州）。文徵明曾孙，文彭孙，书香门第之后（图15-5）。天启五年（1625年）恩贡，崇祯初为中书舍人，给事武英殿。曾任职于南明，遭到阮大铖、马士英等排挤，辞官退隐。明亡，绝粒死，年61。乾隆四十一年（公元1776年）被追谥为"节愍"。

文震亨家富藏书，长于诗文绘画，小楷清劲挺秀，山水韵格兼胜。

图15-5 文震亨

一生雅好林泉，生活在诗画园林中，喜游园、咏园、画园、善园林设计，诗画园林构成他的全部生活。曾主持了香草垞、碧浪园等园林的设计和营建，其中香草垞被称为"水木清华，房栊窈窕，阛阓中称名胜地"。也正是这位有着传统文人士大夫的情怀，中产的富庶，小资的情调，甚至"所至必窗明几净"略带洁癖的晚明才子，把自己对文化生活体察诉诸笔端，旁征博引，写成了中国传统文人士大夫文化生活的造物艺术理论全集《长物志》。另著有《金门集》、《土宝缘》、《一叶集》、《文生小草》、《香草诗选》、《岱宗琐录》、《岱宗拾遗》、《新集》、《琴谱》、《怡老园集》、《香草沱前后志》、《株陵竹枝》、《清溪新咏》等等。

《长物志》成书于1621年，共12卷，收入《四库全书》。作者以"长物"名书，一方面透露出身逢乱世、看淡身外余物的心境；一方面也开宗明义告诉读者，书中所论，"寒不可衣，饥不可食"，文人清赏而已，不是布帛菽粟般不可须臾或缺的生活必需品。"长物"二字，便为此书庞杂的内容作了范围的界定，也成为解读此书的入门之钥。[1]

全书分为12卷，分别介绍了室庐、花木、水石、禽鱼、书画、几榻、器具、衣饰、舟车、位置、蔬果、香茗等12大类百余种事物。其中直接有关造园的有室庐、花木、水石、禽鱼四卷。文震亨的《长物志》，详细阐述了园林的设计原则、陈设规范、使用要素等，是一部经典的明代文人园林的艺术总结。《长物志》成稿之初，就受到推崇，沈春泽在《长物志·序》中写道："夫标榜林壑，品题酒茗，收藏位置图史、杯铛之属，于世为闲事，于身为长物，而品人者，于此观韵焉，才与情焉，何也？挹古今清华美妙之气于耳目之前，供我呼吸，罗天地琐杂碎细之物于几席之上，听我指挥；挟日用寒不可衣、饥不可食之器，尊逾拱璧，享轻千金，以寄我之慷慨不平，非有真韵、真才与真情以胜之，其调弗同也。"这段话言简意赅地说出了园林的真谛，园林不仅是个休憩场所、艺术环境，园林更是主人高逸品味的显现，只有对自然、艺术具有真韵真才真情者，才能真正享有园林。[2]

"室庐卷"译文：

"居住在山水之间为上乘，居住在山村稍逊，居住在城郊又差些。我

---

[1] 储兆文. 中国园林史 [M]. 上海：东方出版中心，2008.

[2] 苏州市吴文化研究会. 苏州文化概论——吴文化在苏州的传承和发展 [M]. 南京：江苏教育出版社，2010.

辈纵然不能栖居山林，追寻古代隐士的踪迹，即使混迹世俗都市，也要门庭雅致，屋舍清丽。亭台有文人的情怀，楼阁有隐士的风致。应多种植些佳树奇竹，陈设些金石书画，使居住其间之人，永不觉老，客居其间的人，忘记返归；游览其间的人，毫无倦意。即使潮湿闷热也会感到神清气爽，寒冷凛冽也会觉着和煦温暖。如果居屋只是追求高大豪华，崇尚色彩艳丽，那就如同脚镣手铐、鸟笼兽圈了。"

开篇论述了园林的选址和建筑风格，认为园林要讲求格调雅致清丽，标榜"萧疏雅洁"、"宁古无时，宁朴无巧，宁俭无俗"的幽雅古朴与天然妙趣。此外还详细介绍了门、阶、窗、栏杆、照壁、堂、山斋、丈室、佛堂、桥、茶寮、琴室、浴室等各类园林建筑类型和装修。

"花木卷"译文：

"养花一年，赏花十日。所以劳神费力，精心养护，不能只为培育名花珍卉，而应培植各种花木。如庭院中、栏杆旁，应当是虬枝枯干，品种各异，枝叶茂盛，疏密有致。或水畔石旁，横逸斜出；或一望成林；或一枝独秀。草木不可繁杂，随处种植，使其四季更替，景色不断。又如桃、李不可植于庭院，只宜远望；红梅、绛桃，只是林中点缀，不宜多植。梅花生于山中，将其中有苔藓的移植到药栏，最为古雅。杏花花期不长，开花时节，风雨正多，仅可短暂观赏。蜡梅于冬季不可或缺，它就像豆棚、菜园，山家风味，常年不厌。然而定要专辟大片空地种植，使其自成一区；如在庭院种植，便失风雅。更有石墩木柱，搭架绑缚，人为造型的，就更是恶俗不堪了。至于种植兰草、菊花，古时各有其法，现今用以教授园丁、考核技艺，则是幽雅人士之要务。"

花木卷列举了园林、庭院中常见的四十种中观赏植物，详细描述了这些花木的生长习性、栽培特点、园林审美、景观配置等，提出了园林植物景观配置的原则：

"如庭院中、栏杆旁，应当是虬枝枯干、品种各异，枝叶茂盛，疏密有致。或水畔石旁，横逸斜出；或一望成林，或一枝独秀。草木不可繁杂，随处种植，使其四季更替，景色不断。"

"水石卷"译文：

"石令人幽静，水令人旷达。园林中，水、石最不可或缺。山水的峭拔回环，要布局得当，相得益彰。造一山，有壁立千仞之险峻，设一水，具江湖万里之浩渺。加上修竹、古木、怪藤、奇树，交错突兀，壁崖深涧，飞泉激流，似入高山深壑之中，如此，才算得上名景胜地。这只是略举概要，并非千篇一律。"

论述了园林中不可或缺的要素水体和山石，指出了"石令人古"、"精洁雅素"的理念，提出"一峰则太华千寻，一勺则江湖万里"，是叠山理水最凝练的概括。

"禽鱼卷"专谈了园林中的禽鱼。禽鱼养于园林之中，既可修身养性，又独具雅士趣味。

16. 张南阳、石涛、戈裕良：
明清江南民间叠石造园家

> 叠石重拙难，树古朴之峰尤难，森严石壁更非易致。而石矶、石坡、石磴、石步，正如云林小品，其不经意处，亦即全神最贯注处，非用极大心思，反复推敲，对全景作彻底之分析解剖，然后以轻灵之笔，随意着墨，正如颊上三毛，全神飞动。不经意之处，要格外经意。
>
> ——陈从周[1]

[1] 陈从周. 续说园 [M]// 园林清议. 南京：江苏文艺出版社，2005.

明清两代，叠石造园家辈出，如周秉忠、计成、张南阳、张南垣父子、石涛、戈裕良等，活动于江南地区，对江南园林艺术贡献极大。今存者，豫园黄石大假山为张南阳设计建造，扬州片石山房假山传出石涛手，苏州环秀山庄假山为戈裕良所叠山石。

张南阳与明朝上海两大名园及太仓弇山园

张南阳又称张山人，生于1517年（一说生于1517年前），卒于1596年，即明正德十二年至明万历二十四年，享年80岁。张南阳上海人，始号小溪子，更号卧石生。张南阳的父亲是位画家，因家学，从小习画，因其有绘画基础，后从事叠造假山和造园，主持参与了明朝上海三大名园（日涉园、豫园、露香园）中的日涉园、豫园的规划建造。

张南阳叠山造园风格与一般匠人营造的多具匠气的园林及假山不同，其特点是随形就势，见石不露土，即石包土，这种土石结合露石不露土的假山适于营造奇峰、悬崖、深峡、崇山峻岭等多种山地景观。张南阳极其擅长用黄石堆叠成片假山，与周围的环境浑然一体，给人真山的气势与感觉。当时上海县潘允端的豫园，陈所蕴的日涉园，太仓王世贞的弇山园，都出自张南阳之手。陈所蕴《竹素堂集》卷十九《张山人传》记载："唯时吴中潘方伯以豫园胜，太仓王司寇以弇园胜，百里相望，为东南名园冠，则皆出山人之手。两公皆礼山人为重客，折节下之。山人岳岳两公间，义不取苟容，无所附丽也……"

张南阳主持建造的豫园、日涉园历经四五百年的风雨沧桑，几易其主，但如今部分景观景点依旧熠熠闪光，三所园林的历史更迭大致如下：

豫园原来是明代四川布政使上海人潘允端为了侍奉他的父亲——明嘉靖年间的尚书潘恩而建造的，取"豫悦老亲"之意，故名为"豫园"，"豫"，有"安泰"、"平安"之意。豫园从明嘉靖三十八年（公元 1559 年）开始兴建，至明神宗万历五年（公元 1577 年）完成，前后共用了近 20 年时间。潘允端在《豫园记》记载："聚石凿池，构亭艺竹，垂二十年。"清初，豫园几度易主，园址也被外姓分割，后荒芜。清乾隆二十五年（公元 1760 年），一些豪绅富商集资购买庙堂北及西北大片豫园旧地，恢复当年园林风貌，后豫园屡遭破坏。新中国成立后，豫园得到妥善保护。现存豫园黄石大假山为叠山大家张南阳设计建造，位于园内西北角，高 12 米，由 2000 吨浙江武康黄石叠成，被誉为"中国黄石假山第一"（图 16-1）。清人王韬曾有过精辟论述："奇峰攒峙，重峦错叠，为西园胜观。其上绣以莹瓦，平坦如砥；左右磴道，纡折盘旋曲赴，或石壁峭空，或石池下注，俄而洞口晗岈，俄而坡陀突兀，陟其颠视及数里之外，循环而下又转一境，则垂柳千丝，平池十顷，横通略，斜露亭台，取景清幽，恍似别有一天。"

陈所蕴逝世后家道衰落，日涉园由陆明允收买，后作陆明允住宅，改为淞南小隐，后又全部湮没。清光绪年间郭氏家族购得日涉园园址大半，后来仅留"书隐楼"为家居之宅。书隐楼相传建于清乾隆二十八年（1763

图16-1 豫园大假山

年),与宁波天一阁、南浔嘉业堂,并称"明清江南三大藏书楼"。《日涉园三十六景图》与陈氏自作《日涉园记略》一直保存于书隐楼中,并与园林一同易主。1937年抗日战争爆发后,三十六图只存下了十幅,现由上海市文物管理委员会收购,并由博物馆珍藏。1990年复建,占地1500平方米,保持了明代建筑的风貌,现为苏北地区现存最早的古典园林。[1]

[1] 王蔚秋. 隐去的园林隐存的楼[N]. 同济报,2006-11-05.

明代文坛盟主、史学巨匠,"后七子"领袖之一王世贞颐养天年的私邸弇山园,正是张南阳晚年杰作。受严嵩父子迫害的王世贞回家乡太仓隐居,在太仓城郊隆福寺西营建私家园林弇山园,园初名小祗园,后因《山海经》中所描绘的海外仙境,有"弇山""弇州"之说,就改名弇山园,同时自号"弇州山人",用以表达自己脱离尘世、退隐山林的愿望。王世贞与张南阳私交颇深,两人一个人构思,一个人规划设计,一起营建了东南名园。此园占地七十余亩,且因平地起楼台,城市出山林,故而"名在天下"。王世贞著的《弇山园记》写道:"园之中,为山者三,为岭者一,为佛阁者二、为楼者五、为堂者三、为书室者四、为轩者一、为亭者十、为修廊者一、为桥之石者二、木者六、为石梁者五、为洞者、为滩岩濑者各四、为流杯者二，诸岩磴涧壑，不可以指计，竹木卉草香药之类，不可以勾股计，此吾园之有也。"

"中弇以石胜，东弇以月境胜，东弇尽人巧，东弇时见天趣。月出池中，玉壶充盈。徘徊天隙，银辉射眼。举目四方，百草竞秀，万木争荣，古树参天，郁乎葱葱……"

弇山园在隆福寺西，在西、东、中分筑了三座假山，名西弇、东弇、中弇，布局精巧，引水筑池，堆石为山，以石为胜，巧夺天工。亭台楼阁间，遍植奇花异卉，园中"宜花、宜月、宜雪、宜雨、宜风、宜暑"，四季四时景观变化极为丰富。王世贞家境富有、乐善好施，许多才子寒士聚集弇山园中，说古谈今、评诗论画，使弇山园成为人文荟萃的园林。著名的医药学巨匠李时珍耗毕生心血写成医药巨著《本草纲目》后，曾不远千里来到弇山园，请王世贞为其作序，王世贞在阅读后，欣然作序，盛赞此书，成为一段佳话。

现弇山园面积110亩，2003年根据大师张南阳的《弇山园》和王世贞《弇山园记》真迹白描图在南宋海宁寺旧址重建，恢复了"弇山堂"、"嘉树亭"、"点头石"、"分胜亭"、"小飞虹"、"九曲桥"等20多处景点。

石涛：扬州造园叠山名家

石涛（公元1641—1718年），清初画家，扬州八怪之一（图16-2）。本姓朱，名若极，系明靖江王朱赞仪十世孙。父殁年尚幼，后落发为僧，法名原济，号石涛，又称苦瓜和尚、大涤子，与朱耷（八大山人）、髡残（石溪）、渐江（弘仁）为清初四僧。

图16-2 石涛自画像

石涛半世云游，饱览名山大川，中年住南京，晚年定居扬州，以绘画自食其力。著有《画语录》。所画山水、人物、花果、兰竹等熔铸千古，自创一格，在当时画坛上独树一帜。传世作品甚多，有《搜尽奇峰图》、《淮扬洁秋图》、《惠泉夜泛图》、《山水清音图》、《细雨虬松图》、《梅竹图》、《墨荷图》、《竹菊石图》等（图16-3）。

图16-3 石涛作品

在"以园亭胜"的扬州,作为山水画家的石涛在造园叠山方面也显示出了颇深的造诣,在现代素有"扬州园林的旗手之美誉"。相传扬州著名园林个园便是按石涛画稿改造的园子。我国著名园林学家陈从周先生在他的《园林丛谈》中也说:"寿芝园原来叠石,相传为石涛所叠,但没有可靠的根据,或许因园中的假山,气势有似安徽的黄山,石涛喜画黄山景,就附会是他的作品了。"

石涛叠山摒弃人为雕琢痕迹,讲究纹理,峰与纹浑然一体,出自他之手的名园有万石园、片石山房、大涤草堂。

万石园:清代李斗所著的《扬州画舫录》说石涛:"工山水、花卉,任意挥洒,云气进出。兼工垒石,扬州以名园胜,名园以垒石胜,余氏万石园出道济手,至今称胜迹。"今万石园已毁,其迹已荡然无存。

片石山房:钱泳《履园丛话》卷二十:"扬州新城花园巷,又有片石山房者,二厅之后,湫以方池。湖上有太湖石山子一座,高五六丈,甚奇峭,相传为石涛和尚手笔。"片石山房位于江苏扬州城南徐凝门街花园巷,以石涛画稿为蓝本进行设计建设。光绪九年(公元1883年)皖人何芷舠购

图16-4 片石山房西部假山立面　　　　图16-5 片石山房东部假山立面

片石山房扩建为何家花园,完整地保留了片石山房,后因年久荒废,仅存假山主峰残石依墙而立,1989年修复,门楣上的"片石山房"为石涛墨迹。园以湖石著称,假山传为石涛所叠,陈从周先生称之为"人间孤本"。整座假山采用下屋上峰的处理手法,主峰堆叠在两间砖砌的"石屋"之上,独峰耸翠,山体环抱清池,气度非凡(图16-4、图16-5)。

大涤草堂:石涛和尚故居,位于扬州大东门城外西河沿上。大涤草堂是石涛一生中唯一属自己的定居之所。康熙三十一年(公元1692年)夏,石涛51岁从北京乘舟南下,冬天至扬州,过上了晚年定居扬州的生活。5年后,大涤草堂在扬州旧城大东门外偏北河边上落成,"大涤子"名号也同时启用于画作。3年后,石涛写信给八大山人,有云:"平坡上,老屋数椽,古木櫆散数株。阁中有一老叟,空诸所有,即大涤草堂也。"那里兰竹丛生,背负古城,前临一番山水画意,是以为石涛选中造园,自行规划,且巧叠假山,精心布局。在草堂中,石涛曾绘有《大涤堂图》、《松下独游图》、《山亭问趣图》以及《瑞兰图》等精心杰作。

朱江先生的《扬州园林品赏录》一书中载:"斯堂所在,背倚城垣,面临濠水。无山似有山意,有水则似溪流。园内外皆成景致,尤胜雕琢所成,此非上人则无人有此胸襟,惜已久圮。"八大山人为石涛所作《大涤草堂图》现为日本人收藏,上有石涛的长诗题跋。石涛自己也画过《大涤草堂图》,今不知所踪。

关于石涛在扬州的大涤草堂,当代作家丁家桐、朱福烓合著的《扬州八怪传》中这样记述:

"大东门一带,和拱宸门外的天宁寺连在一起,在晋代,都是谢安的别墅。时光流逝,这一带拦腰建城,城里城外都挖了市河,除了几棵千年银杏以外,其余都难寻当日遗踪了。在清代,这里除了规模宏大的天宁寺外,真武庙、火星庙、弥陀寺、昙花庵、准提庵、九莲庵、小司徒庙也沿河延绵不断。临河的建筑,大都是青瓦黄墙,清晨傍晚,但闻木鱼清磬,钟鼓声声。梵宇中也有一座新砌的草堂,倚林傍水,粉壁轩窗,藤蔓绕屋,满径丛花。船过堂边,听不到堂内诵佛,但闻一位粤西老和尚或歌或吟。这便是石涛晚年居住的大涤堂。堂是和尚临水自建的,在这里完成了他艺术巅峰时期若干画幅,度过了生命的最后几年。康熙四十四年(1705年),岁届乙酉,这一年的端午,堂内觥筹交错,欢笑声喧。按照扬州习俗,老朋友们、生徒们带来了米酒,带了粽子,也带来了市上新见的诗词刻本,来给老和尚贺节。老和尚高兴,关照铺纸磨墨,画了一幅'五瑞图'。画成,题道:

亲朋满座笑开眉,云淡风轻景物宜。

浅酌未忘非好酒,老怀聊乐为乘时。

堂瓶烂漫葵枝倚,奴鬟鬌髻艾叶垂。

见享太平年七十,余年能补几篇诗。

这首诗的下面写了一段跋语:'清湘遗人乙酉蕤宾于大涤堂下。'蕤宾,即五月。

这段跋语,是后人判断石涛生年的依据,也是争论的焦点。

在石涛作画时,有一位少年,一边磨墨,一边悄悄地观察老和尚的运笔。他长得清瘦,十分腼腆。老和尚下笔时,他的神情总是十分专注。八怪之一的高翔这一年正好18岁了。

说到高翔,自然就要说到石涛的卒年了。乙酉后二年的丁亥七月,石涛病腕,以后署年的作品就再也没有发现过了。病腕,也许是微恙,也许致命。定他卒于'1707？'是适宜的,这是一个一时无法擦去的问号。在平山堂一带,也早已请人挖好了生圹,入土以后,高翔每年都去祭扫。高翔作山水,张庚在《画征续录》里评论他是'参以石涛之纵姿',大概乙酉端午,正是在揣摩石师是如何在表现天地万物的那种郁勃之气吧。

高翔在乙酉之年18岁,郑板桥则是13岁。13岁的板桥还在兴化的学塾里读书,不过他后来见到石涛的画,则心折不已。他在题跋中说:'石涛和尚客吾扬十年,见其兰幅极多,亦极妙。学一半,撇一半,未尝全学。非不欲全,实不能全,亦不必全也。'这叫做大家学大家。板桥慨叹'甚矣,石公之不可及也',一方面又说'不必全也',这就叫用石涛的态度学习石涛。板桥终究是板桥,而不是仿石涛、小石涛、假石涛。

李鱓年龄大些,乙酉之年20岁了。那时候他正忙着考举人,到扬州来会不会有功夫到大东门去拜望石涛？后来他说:'八大山人长于用笔,而墨不及石涛。清湘大涤子用墨最佳,笔次之。笔与墨合作生动,妙在用水。余长于用水,而用墨用笔又不及二公,甚矣笔墨之难也。'

八怪诸人中,李鱓是相当高傲的一个。他极佩服石涛,不仅是技法,而且特别是在画风方面。至于金农诸人,乙酉之年尚未来扬州,石师画风对他们的影响,这里不再罗列了。

"石涛——扬州八怪——,这条线在延伸下去。延伸到现代,那就要数到齐白石与张大千了。齐说:'下笔谁叫泣鬼神,二千余年只斯僧。焚香愿下师生拜,昨夜挥毫梦见君。'至于大千,则自称爱石涛、慕石涛、学石涛的。300年一部画史,真不知从何说起,我们还是去平山堂的后山,看看石涛的遗踪吧。荒草漫漫,坟茔已不可寻,不过画中表现的氤氲之气永在。生发之机,充斥天地,循环流动,如雾如烟。正是这股氤氲之气,孕育了后来的八怪,形成中国艺术史上的一大奇观。"

戈裕良：清代叠山艺术家

戈裕良,清朝乾隆二十九年（公元1764年）出生于武进县城（今常州市）东门，字立三，卒于道光十年（公元1830年）三月，67岁。家境清寒，年少时即随父兄种树垒石，帮人造园叠山。当时的著名思想家、文学家和地理学家洪亮吉，把他和明末清初最杰出的造园叠山艺术家张南垣并提，称之为"三百年来两轶群"，并对其有"奇石胸中百万堆，时时出手见心裁"的称誉。[1] 有关戈裕良生平事迹的记载，许多文献辗转相引，多出自钱泳的《履园丛话》，《履园丛话》卷十二《艺能》篇《堆假山》记载：

[1] 曹汛.戈裕良传考论——戈裕良与我国古代园林叠山艺术的终结[J].建筑师，2004（04）.

"堆假山者，国初以张南垣为最。康熙中则有石涛和尚，其后则有仇好石、董道士、王天于、张国泰、皆为妙手。近时有戈裕良者，常州人。其堆法尤胜于诸家。如仪征之朴园、如皋之文园、江宁之五松园、虎丘之一榭园，又孙古云家书厅前山子一座，皆其手笔。尝论狮子林洞，皆界以条石，不算名手，余诘之曰：'不用条石易于倾颓奈何？'戈曰：'只将大小石钩带联络，如造环桥法，可以千年不坏。要如真山洞壑一般，然后方称能事。'余始服其言。至造亭台池馆，一切位置装修，亦其所长也。"

戈裕良在叠山艺术实践中，把绘画、诗词、工艺等艺术和自己对自然山水的认识灵活地运用，使绘画艺术与叠山艺术相互融合渗透，由此创造出巧夺天工的园林叠山艺术精品。乾隆时期，戈裕良遂为江南官僚富绅所争聘，在嘉庆和道光年间得以大显身手，留下许多传世杰作，为清代中晚期最杰出的造园叠山艺术家。戈裕良继承和发扬了张南垣的造园叠山艺术，独创"钩带法"，使叠山浑然一体，可坚固千年不败，叠山艺术更是达到出神入化的境界。戈裕良一生所造名园和假山，有记载可考的，有常熟燕园、如皋文园、仪征朴园、江宁五松园、虎丘一榭园、孙古云家（今环秀山庄）、扬州小盘谷等，其中苏州环秀山庄、扬州小盘谷、常熟燕园三处，保留至今，基本完好。

苏州环秀山庄是一座以假山为主的古典园林，现占地面积2179平方米，其中建筑面积754平方米（图16-6）。山庄内假山和房屋面积约占全园3/4，水面占1/4，园景以山为主，园虽小，而峭壁、峰峦、洞壑、涧谷、平台、磴道等山中之物，应有尽有，极富变化，极有气势。环秀山庄的湖石假山建于嘉庆十一年（公元1806年）前后，为园中瑰宝，是清代叠

⊙ 中国古代造园家

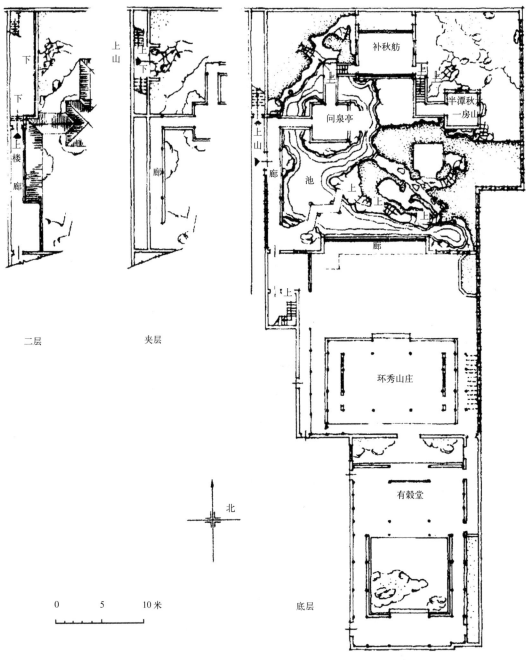

图16-6 环秀山庄总平面图

图16-7 环秀山庄假山

山艺术大师戈裕良的代表作,是现存国内湖石假山之最(图16-7)。该假山占地面积仅半亩,主要集中于东南和西北两个角落,东南部的假山为主山。主山整体山势向西奔趋,在池边突然断为悬崖峭壁,主峰高7.2米,涧谷长12米,其中长60余米的山径盘旋上下、贯通内外,在有限的空间内营造出崖峦耸翠、池水相映,绿树掩映的园林景观,富有"咫尺山水,城市山林"的意境。它是目前太湖石假山中最具有历史、文化、艺术价值的一座,标志着古典园林掇山叠石艺术达到的巅峰。环秀山庄的假山是古代假山中保存较为完整的一座,光绪中期有过一次重修,1953年、1979年、1984年、1999年,分别加固修复,基本维持了戈裕良作品原貌。著名园林专家陈从周先生评价说:"环秀山庄假山,允称上选,叠山之法具备。造园者不见此山,正如学诗者未见李、杜,诚占我国园林史上重要之一页。"刘敦桢教授在《苏州古典园林》一书中赞:"就艺术水平而言,苏州湖石假山,当推此第一。"环秀山庄因假山而驰名,1988年被列为全国重点文物保护单位,1997年12月,环秀山庄与拙政园、留园、网师园作为苏州古典园林的代表,被联合国教科文组织列入《世界文化与自然遗产名录》。

扬州小盘谷位于扬州市丁家湾大树巷内，占地5000多平方米，建筑面积1400多平方米。小盘谷始建于清乾隆嘉庆年间，为光绪三十年（公元1904年）两江总督周馥的私人宅院。因为园内假山峰危路险，苍岩探水，溪谷幽深，石径盘旋，故名小盘谷。据《小盘谷题跋》叙述，为叠石名家戈裕良之手笔。著名园林专家陈从周先生对小盘谷的假山作如下评价："山拔地峥嵘，名九狮图山，峰高约九米余，惜民国初年修缮时，略损原状。此园假山为扬州诸园中的上选作品。"

常熟燕园又名燕谷园，位于常熟古城区新峰巷，至今已有230多年历史，是常熟古典园林中存世时间最长，格局保存最为完整的私家园林之一。燕园，建于乾隆四十五年（公元1780年），初名"蒋园"。道光年间，泰安县令蒋因培（号伯生）出资购得，请戈裕良在园中部叠成假山，取名"燕谷"，又名"燕谷园"、"燕园"。戈氏之前，叠山置洞，洞顶均用"石梁平顶法"构筑，即以条石架于两侧山石之上，以为洞顶承重维系。至戈氏始创"钩带法"，将石拱桥构筑桥洞，巧妙用于堆叠假山洞壑上，将叠山工艺提高到一个新的高度。钱泳在《履园丛话》中记述其与戈氏论及堆叠山洞不用条石易于倾颓时，"戈曰：'只将大小石钩带联络，如造环桥法，可以千年不坏。要如真山洞壑一般，然后方称能事'。余始服其言"。戈裕良堆叠燕谷，以虞山为蓝本，为求逼真纯用本山黄石，山以大块石为骨，小石补缀，山石纹理、色彩相接自然、和谐，浑然一体，巧夺天工。钱泳评及"其堆法尤胜于诸家"，而被后世高度赞赏。

17. 康熙：
中国皇家造园思想家

> 康熙的造园思想不同于中国古典园林中的"隐逸"思想；也有别于其他帝王的造园思想；他从所崇奉的理学世界观出发，在造园中强化了"参天地赞化育"的哲学，达到了"致中和"的儒家思想境界。他积极聘用张然、叶洮、雷金玉等著名造园家和建筑家，运用中国古典园林艺术的设计手段，实现了儒家思想作用下的皇家园林功能要求，表明了他及其时代的皇家造园的价值取向。
>
> ——王其亨、崔山[1]

[1] 王其亨，崔山. 中国皇家造园思想家——康熙[J]. 中国园林，2006（11）.

1644年6月，击败了李自成起义军的清军在吴三桂的指领下，由多尔衮率领经东华门进入北京城，当时明代紫禁城并未受到很大的破坏，其整体建筑格局基本保持了原貌。清王朝入关定都北京后全部沿用了这些保存下来的明朝的宫殿、庙宇和园林设施。但是清王朝的统治者却很不习惯于紫禁城内的酷热夏暑，加上受祖先骑射游猎传统的影响，清帝不喜久居宫城，于是，行宫御苑和离宫御苑的建设备受推崇。

天朝盛世的富裕，空前的皇家建园高潮，精湛高超的造园技艺，寓意丰富的园林内涵、雍容华贵的宫廷造园风格……皇家气派更加彰显，中国历史上皇家园林建设的最大、最后的高潮期由此拉开了帷幕。这个高潮期始于康熙,完成于乾隆、嘉庆,在整个康乾盛世达到了史无前例的辉煌与繁荣。

康熙皇帝的园林成就与贡献

图17-1 康熙像

康熙,顺治的第三子,清入关后的第二位皇帝,全名爱新觉罗·玄烨,年号康熙,庙号清圣祖,俗称康熙皇帝、康熙帝(图17-1)。顺治十一年(公元1654年)生于北京紫禁城景仁宫,康熙六十一年(公元1722年)卒于北京畅春园,终年69岁,在位61年,康熙是中国历史上在位时间最长,文治武功极为卓越的皇帝。康熙皇帝是清代皇家园林建设活动的奠基者和实践者,他开启了中国古典园林最后一个高潮建设的序幕,对于皇家园林建设的成就与贡献主要有以下几方面:

(1)主持兴建了香山静宜园、玉泉山静明园、圆明园、畅春园和承德避暑山庄等皇家园林,这些园林在乾隆时期又不断地修建、扩建(图17-2)。

(2)启迪了后世子孙皇家造园艺术思想,奠定了乾嘉皇家园林造园活动达到辉煌巅峰的基础。康熙皇帝是中国古典园林最后一个高潮的奠基者和推动者,他的造园思想,不同于中国古典园林中的文人"隐逸"情愫,也有别于历代帝王的造园传统。康熙从他所崇奉的理学精神出发,强化了"致中和"的造园理念,达到了"与天地参"的境界,体现了儒家的人格追求和治世理想。[1]

[1] 王其亨,崔山. 中国皇家造园思想家——康熙[J]. 中国园林, 2006 (11).

(3)开创了皇家园林建设勤俭节约之先河。康熙本人重农治河,体恤民情,皇家园林建造过程中一直崇尚节俭,追求朴实无华,反对利用皇家园林去炫耀天下一统的皇权,更反对秦始皇、汉武帝等迷信方术思想及隋炀帝、宋徽宗等为一己之欲而忘国的造园思想。《避暑山庄诗序》中道出了康熙造园的思想意图:"奉慈闱则微寝问膳之诚,凭台榭则见茅茨不剪之意,观稼种则念稼穑之艰难,览花葶则验阴阳之气候,玩禽鱼则思万物之咸若。"又如康熙五十年(公元1711)御制《避暑山庄记》有云:"因而度高平远近之差,开自然峰岚之势。依松为斋,则窃崖润色;引水在亭,则榛烟出谷,皆非人力之所能。借芳甸而为助,无刻桷丹楹之费,喜泉林

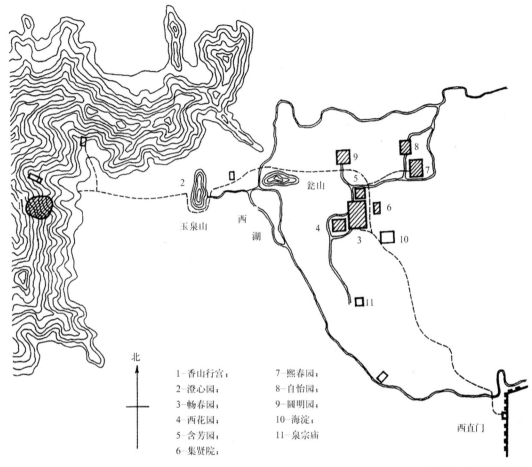

图17-2 康熙时北京西北郊主要园林分布图

1—香山行宫；
2—澄心园；
3—畅春园；
4—西花园；
5—含芳园；
6—集贤院；
7—熙春园；
8—自怡园；
9—圆明园；
10—海淀；
11—泉宗庙

抱素之怀。"

（4）彻底改变了周朝以来历代沿袭的工官制度，内务府设营造司，负责宫殿和园囿的营造。营造司下设样式房和销算房分别负责规划设计和工程预算。另从康熙年间起，皇家工程施工已从政府运作逐渐转变为商业运作。

（5）加强了江南造园艺术和皇家造园艺术的相互融合。畅春园分别由江南籍山水画家和江南叠山石名家参与园林的规划和主持叠山，造园风格融合了江南园林和北方皇家园林的特点，是明清以来首次将江南造园艺术融入皇家园林建设中的实例。

（6）拓展了皇家园林的政治功能，使其更加兼具了"园苑"与"宫廷"的双重功能。自此，皇家园林不仅成为清王朝历代皇帝避暑，游憩和长久居住的地方，也是皇帝"避喧听政"进行各种政治活动的场所。历朝清帝均效法康熙，在京城西郊建园听政，并于此举行朝会，处理政事，与紫禁城同为当时的全国政治中心，形成了清代的政治传统。以后的历代皇帝，除了夏天去热河避暑山庄外，在此园居的时间达全年的2/3还多，城内的紫禁城仅成为皇家举行大典的地方。

畅春园：明清第一座离宫御园

康熙二十三年（公元1684年）南巡，为江南山水和园林所感染，返京后命宫廷画师吴人叶洮和叠山名家张然在明代清华园基址上仿江南园林建造皇家"御园"，以作"避喧听政"之用（图17-3）。康熙帝亲自命名为"畅春园"，寓意"四时皆春"、"八风来朝"、"六气通达"。康熙二十六年（公元1687年）畅春园落成后，康熙御笔亲提《御制畅春园记》："朕自临御以来，日夕万机，妄自暇逸，久积辛勤，渐以滋疾。偶缘暇时，于兹游憩，酌泉水而甘，顾而赏焉。清风徐引，烦疴乍除。"

康熙二十九年（公元1690年）起，畅春园成为大清帝国康熙朝实际的政治决策和施政中心。从园林使用功能来看，畅春园既可以处理朝政，又可游乐，兼有"宫廷"和"园苑"双重功能，是明清第一座离宫御园。

康熙皇帝自康熙二十六年（公元1687年）二月二十二日，首次驻跸畅春园，至六十一年（公元1722）十一月十三日病逝于园内寝宫，36年间，每年都要去畅春园居住和处理朝政。据后人统计，36年间累计居住畅春园257次3800余天，年均驻园7次107天。最短者为29天，最长者为202天。

畅春园的规模比清华园略有缩小，坐北朝南，整体布局前殿后园，南部为议政和居住用的宫殿部分，北部是以水景为主的园林部分。

畅春园开清代的园林之先河，并深深影响了其后的承德避暑山庄、

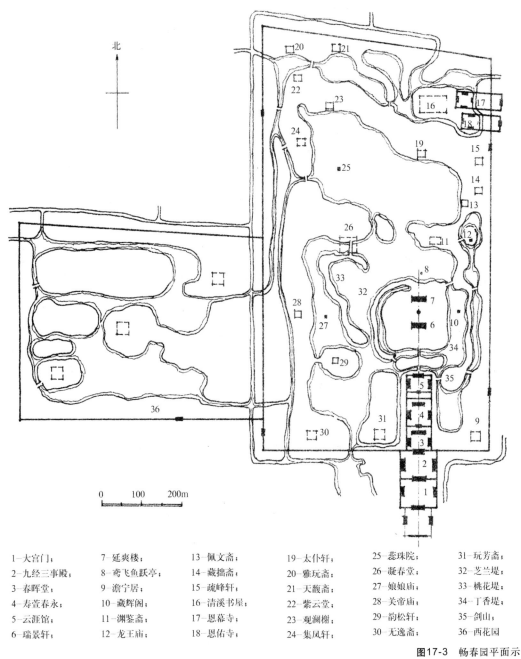

1—大宫门；　7—延爽楼；　13—佩文斋；　19—太仆轩；　25—蕊珠院；　31—玩芳斋；
2—九经三事殿；　8—鸢飞鱼跃亭；　14—藏拙斋；　20—雅玩斋；　26—凝春堂；　32—芝兰堤；
3—春晖堂；　9—澹宁居；　15—疏峰轩；　21—天馥斋；　27—娘娘庙；　33—桃花堤；
4—寿萱春永；　10—藏辉阁；　16—清溪书屋；　22—紫云堂；　28—关帝庙；　34—丁香堤；
5—云涯馆；　11—渊鉴斋；　17—恩慕寺；　23—观澜榭；　29—韵松轩；　35—剑山；
6—瑞景轩；　12—龙王庙；　18—恩佑寺；　24—集凤轩；　30—无逸斋；　36—西花园

图17-3 畅春园平面示意图

圆明园、颐和园等园林。当代著名的历史地理学家、北京大学著名教授侯仁之先生曾撰写《新建畅春园饭店记》一文,以简洁的语言记述了畅春园一带的历史沿革和风情景物:

"……

清初,康熙因清华园旧址更建畅春园。周围十里,宫门南向,内分三路。中路有'九经三事殿',全盛时为临朝之所。其后殿堂亭阁相望,近二十处,止于绮榭。东西两路,建筑倍于中路。东路有大小门各一。大东门内又有广梁门,门内澹宁居为康熙寝宫。小东门内有清溪书屋,后经雍正改造为恩佑寺,乾隆又建恩慕寺于恩佑寺旁。两寺并列,山门东向,外临通衢。西路有西北门与大西门,门外为西花园。园内又有东西二堤,东曰丁香堤,西曰兰芝堤。西堤外又别筑桃花堤。堤塍之间,万泉汇流。波光潋滟,风景佳丽,又胜于清华园。全园之设计,相传出自造园名家叶洮。曹雪芹祖父曹寅曾一度主持营缮。至于园中叠石造山,又多是张涟张然父子家传杰构。

按有清一代,海淀附近皇家苑居如圆明园、万春园,相继兴起,盛极一时,畅春园实肇其端。而民力之虚耗,有增无已。中叶以后,国势日衰,比至咸丰十年,英法侵略军进犯京郊,纵火焚烧圆明园,畅春园同归于尽,仅有恩佑、恩慕二寺山门残留至今。昔日湖沼,亦渐湮废……"

康熙五十二年(公元1713年),康熙帝60岁生日的第一次"千叟宴"就在此处举行。康熙五十二年三月十八日起,康熙帝在畅春园正门前,连续数天举办"千叟宴",招待进京贺寿的老人,以庆贺自己的六十大寿。参宴人数累计上万,盛况空前。

咸丰十年(公元1860年),英法联军入侵北京,在焚毁圆明园以后,畅春园也未能幸免,毁于战火。在以后的一个多世纪里,畅春园一直未能重建。现仅存北京大学西侧门外的恩佑寺和恩慕寺山门遗址。

避暑山庄:塞外宫城

承德避暑山庄,位于河北省承德市北部。避暑山庄由皇帝宫室、皇家园林和宏伟壮观的寺庙群所组成,是中国清朝皇帝的夏宫,是避暑和处理政务的场所。避暑山庄与颐和园、拙政园、留园并称为中国四大名园。1994年12月，避暑山庄及周围寺庙（热河行宫）被列入世界文化遗产名录。2007年5月，承德避暑山庄及周围寺庙景区经国家旅游局正式批准为国家5A级旅游景区。

避暑山庄始建于1703年，历经清康熙、雍正、乾隆三朝，山庄建设可分为康熙朝和乾隆朝两个时期。

第一阶段：康熙四十二年（公元1703年）至康熙五十二年（公元1713年）完工，这一阶段建设的重点集中在选址、湖区、筑洲岛、修堤岸、营建宫殿等。康熙五十年（公元1711年）《御制避暑山庄记》：

"金山发脉，暖流分泉；云壑淳泓，石潭青霭。境广草肥，无伤田庐之害；风清夏爽，宜人调养之功。自天地之生成，归造化之品汇。朕数巡江干，深知南方之秀丽；两幸秦陇，益明西土之殚陈。北过龙沙，东游长白；山川之壮，人物之朴，亦不能尽述，皆吾之所不取。惟兹热河，道近神京，往来无过两日；地辟荒野，存心岂误万几。因而度高平远近之差，开自然峰岚之势。依松为斋，则窍崖润色，引水在亭，则榛烟出谷，皆非人力之所能。借芳甸而为助；无刻桷丹楹之费，喜泉林抱素之怀，静观万物，俯察庶类；文禽戏绿水而不避，鹿映夕阳而成房群。鸢飞鱼跃，从天性之高下，远色紫氛，开韶景之低昂。一游一豫，周非稼穑之休戚；或旰或宵，不忘经史之安危，劝耕南亩，望丰稔筐筥之盈，茂止西成，乐时若雨之庆，此居避暑山庄之概也。至于玩芝兰则爱德行，睹松竹则思贞操，临清流则贵廉洁，览蔓草则贱贪秽，此亦古人因物而比兴，不可不知。人君之奉，取于民，不爱者，既惑也。故书之于记，朝夕不改，敬诚之在兹。"

文中指出了避暑山庄的建设应保持天然风貌，突显自然山水之美。康熙皇帝题写四字"三十六景"，"这些景点大约有2/3是建筑与局部自然环境相结合的，1/3纯粹是自然景观。避暑山庄的建筑布局很疏朗，体量较小，外观朴素淡雅，体现了康熙所谓'楹宇守朴'、'宁拙舍巧'、'无刻桷丹楹之费，有泉林抱素之怀'的建园原则"。[1]

[1] 周维权. 中国古典园林史[M] 第3版 北京：清华大学出版社, 2010: 388.

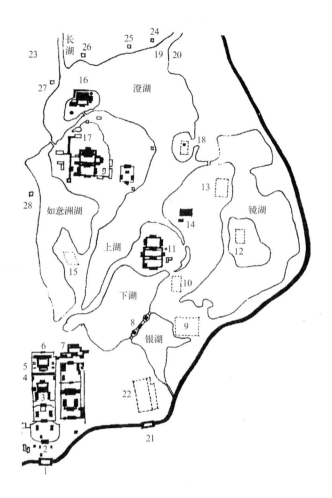

图17-4 避暑山庄湖洲区略图

1—丽正门；　　15—采菱渡；
2—"避暑山庄"门　16—烟雨楼；
3—楠木殿；　　17—如意洲；
4—十九间殿；　18—金山寺；
5—烟波致爽；　19—热河泉；
6—云山胜地；　20—东船坞；
7—万壑松风；　21—德汇门；
8—水心榭；　　22—东宫；
9—文园狮子林；23—文津阁；
10—清舒山馆；　24—莆田丛樾；
11—月色江声；　25—濠濮间想；
12—戒得堂；　　26—莺啭乔木；
13—花神庙；　　27—水流云在；
14—静寄山房；　28—芳渚临流

第二阶段：从乾隆十六年（公元1751年）至乾隆五十五年（公元1790年），历时39年。这一阶段对避暑山庄进行了大规模扩建，把宫和苑分开，增建宫殿和多处精巧的大型园林建筑。乾隆仿其祖父康熙，以三字为名又题了"三十六景"，后合称为避暑山庄七十二景。扩建后的避暑山庄虽保持了康熙朝时的总体格局和风貌，但建筑体量增加，"塞外宫城"的皇家气派更加突显。

历经康熙朝和乾隆朝两个建设时期后，山庄山中有园，园中有山，成为清朝皇家园林中规模最大的一座（图17-4—图17-6）。总体布局呈"前宫后苑"规制，分为宫殿区和苑景区两大部分。宫殿区包括正宫、松鹤

图17-5 乾隆时期避暑山庄平面图

斋三座平行的院落建筑群；苑景区又分成湖泊景区、平原景区和山岳景区三部分。山庄内有康熙、乾隆钦定的七十二景，拥有殿、堂、楼、馆、亭、榭、阁、轩、斋、寺等建筑一百余处。

康熙朝定名的三十六景：烟波致爽、芝径云堤、无暑清凉、延薰山馆、水芳岩秀、万壑松风、松鹤清樾、云山胜地、四面云山、北枕双峰、西岭晨霞、锤峰落照、南山积雪、梨花伴月、曲水荷香、风泉清听、濠濮间想、天宇咸畅、暖流暄波、泉源石壁、青枫绿屿、莺啭乔木、香远益清、金莲映日、远近泉声、云帆月舫、芳渚临流、云容水态、澄泉绕石、澄波叠翠、石矶观鱼、镜水云岑、双湖夹镜、长虹饮练、甫田丛樾、水流云在。

图17-6 避暑山庄的山水园林之美

　　乾隆朝定名的三十六景：丽正门、勤政殿、松鹤斋、如意湖、青雀舫、绮望楼、驯鹿坡、水心榭、颐志堂、畅远台、静好堂、冷香亭、采菱渡、观莲所、清晖亭、般若相、沧浪屿、一片云、萍香泮、万树园、试马埭、嘉树轩、乐成阁、宿云檐、澄观斋、翠云岩、罨画窗、凌太虚、千尺雪、宁静斋、玉琴轩、临芳墅、知鱼矶、涌翠岩、素尚斋、永恬居。

18. 乾隆：
最具文化修养的皇帝造园家

> 若夫崇山峻岭，水态林姿，鹤鹿之游，鸢鱼之乐；加之岩斋溪阁，芳草古木，物有天然之趣，人忘尘世之怀。较之汉唐离宫别苑，有过之而无不及也。
>
> ——乾隆[1]

[1] 乾隆，《避暑山庄后序》，《热河志》卷二十五。

清高宗纯皇帝爱新觉罗·弘历，清代入关后的第四任皇帝，雍正帝第四子（图18-1）。生于康熙五十年（公元1711年），嘉庆四年（公元1799年）病逝，终年89岁。25岁登基，在位60年，退位后当了三年太上皇，实际掌握最高权力长达63年零4个月，是中国历史上最长寿的君王和世界上统治时间最长的君王。乾隆皇帝一生文韬武略，不仅很好地继承了祖先的骑射传统，还兼具诗人、艺术家气质，在诗词曲赋、书法绘画、造园艺术等方面都有很深的造诣。

图18-1 乾隆皇帝晚年朝服像

移天缩地入君怀

乾隆皇帝作为盛世之君，帝王君临天下，至高无上，皇权是绝对的权威。乾隆时期封建集权统治已使其皇权扩大到封建社会前所未有的程度，"普天之下，莫非王土"，皇家特权利用政治上的权利与经济上的雄厚财力，"移天缩地入君怀"，可把大片天然山水林木据为己有，所以乾隆主持兴造

图18-2 狮子林

的皇家园林规模更加庞大，气势恢宏，皇家气派。

　　乾隆是中国历史上最出名的皇帝旅行家，他自诩"山水之乐，不能忘于怀"，曾于乾隆十六年、二十二年、二十七年、三十年、四十五年、四十九年先后六次到江南巡行，足迹遍及扬州、无锡、苏州、杭州等地，还有无数次其他巡幸，饱览祖国大地上各处风景名胜和江南私家园林。但凡他所看上的风景园林景致，均命随行画师摹绘成册携其而归，作为皇家造园的参考，从而加强了北方皇家园林和南方私家造园艺术的相互融会，使皇家园林建设全面吸取了江南园林的诗情画意，提升了皇家园林艺术建造水平。正如晚清大才子王闿运在《圆明园词》所说："谁道江南风景佳，移天缩地在君怀"，并在自注中称"乾隆六十年中，园中日日有修饰之事，图史珍玩充牣其中，行幸所经，写其风景，归而作之，若西湖苏堤曲院之类，无不仿建。而海宁安澜园、江宁瞻园、钱塘小有天园、吴县狮子林，则全写其制"（表18-1）。

乾隆时期营建的皇家园林略表　　　　　　　　　　表18-1

乾隆三年	1738年	扩建北京南郊的南苑，增设宫门9座，苑内新建团河行宫以及衙署、寺庙若干处
乾隆六年	1741年	再度营建避暑山庄
乾隆七年	1742年	建钓鱼台行宫
乾隆九年	1744年	圆明园四十景成，御题《圆明园四十景图咏》御书四十景名额
乾隆十年	1745年	扩建香山行宫，建静明园
乾隆十二年	1747年	改建康亲王赐园废止为乐善园，更名香山行宫为静宜园。圆明园中建海晏堂等西洋建筑
乾隆十五年	1750年	扩建静明园，命名瓮山为万寿山，改西湖为昆明湖。建瓮山行宫，重修苏州行宫
乾隆十六年	1751年	瓮山行宫改名为清漪园，建成长春园、绮春园。第一次南巡，重建西湖行宫开始扩建避暑山庄
乾隆十九年	1754年	御题避暑山庄后三十六景名，建成蓟县静寄山庄
乾隆二十一年	1756年	意大利人朗世宁（1679—1764年）为长春园东边新建西洋楼式花园起地盘样稿呈览，御旨照样准造
乾隆二十二年	1757年	第二次南巡，游天平山，赐高义园名；御题瞻园额，仿江南名园于长春园中
乾隆二十七年	1762年	第三次南巡，游幸浙江安澜园，赐园名；圆明园内仿建安澜园
乾隆二十九年	1764年	避暑山庄永佑寺塔成
乾隆三十年	1765年	第四次南巡，驻跸安澜园
乾隆三十五年	1770年	圆明园全部完工
乾隆三十七年	1772年	始建大内乾隆花园
乾隆四十九年	1784年	第六次南巡
乾隆五十五年	1790年	避暑山庄竣工

乾隆时期对于江南园林的借鉴和仿建有：圆明园内的安澜园仿海宁陈氏园，长春园内的茹园仿江宁瞻园，承德避暑山庄湖区模仿嘉兴南湖烟雨楼、金山岛的布局仿自江苏镇江金山，颐和园昆明湖就模仿西湖等。乾隆年间乾隆皇帝自第二次南巡起每次南下他都必游狮子林（图18-2）。据记载乾隆皇帝曾经六次游历狮子林总共题匾三方题诗十首。不仅如此他还令人把狮子林的规制做成模型送到北京，在北京的圆明园和承德的避暑山庄这两处皇家园林中进行仿建。再如明末大学士赵宧光的寒山别业，乾隆曾多次游幸，对疏泉凿石所成的千尺雪瀑布尤其喜爱，曾咏诗三十余首，在《御制盘山千尺雪记》中弘历写道："昨岁巡幸江南，观民

问俗之余，浏览江山胜概，其悦性灵而发藻思者所在多有。而独爱吴之寒山千尺雪。"更是以此为蓝本，分别在京城西苑、蓟县盘山静寄山庄和避暑山庄同时仿建，同名千尺雪，将山溪引至山前，利用落差，造出"悬流喷瀑"，"寒光四射，洒然晴昼玉花"效果。

当然，乾隆皇帝的造园思想也并不简单地停留在对江南园林的模仿和抄袭上，其造园手法更加大气，境界愈加高远，规模更加恢宏，这是南方私家园林所望尘莫及，无法比拟的。乾隆在《避暑山庄后序》中写道："若夫崇山峻岭，水态林姿，鹤鹿之游，鸢鱼之乐；加之岩斋溪阁，芳草古木，物有天然之趣，人忘尘世之怀。较之汉唐离宫别苑，有过之而无不及也。"

三山五园

在皇家宫廷建筑和园林艺术方面，乾隆保护、扩修、兴建了大量的皇家宫殿园林，皇城内的御苑有：三海（西苑）、建福宫花园、慈宁宫花园、宁寿宫花园；离宫御苑有：畅春园、圆明园、承德避暑山庄；行宫御苑有：静宜园、静明园、熙春院、春熙园、乐善园、南苑行宫、汤泉行宫、钓鱼台行宫、滦阳行宫、盘山静寄山庄等。

乾隆三年（公元1738年）直到乾隆三十九年（公元1774年）的36年间，皇家园林建设工程几乎没间断过，新建、扩建的园林面积大约有上千公顷之多。到乾隆中期，北京的西北郊已经形成以"三山五园"为主格局的庞大的皇家园林集群（图18-3）。三山是指香山、玉泉山、万寿山，五园是指规模最宏大的五座——圆明园、畅春园、香山静宜园、玉泉山静明园、万寿山清漪园。

可以说，三山五园汇聚了中国风景式园林的全部形式，代表着后期中国宫廷造园艺术的精华。在全盛时期，自海淀镇至香山，分布着静宜园、静明园、清漪园、圆明园、长春园、绮春园、畅春园、西花园、熙春园、淑春园、鸣鹤园、朗润园、弘雅园、澄怀园、含芳园、诚亲王园、康亲王园等90多处皇家离宫御苑与赐园，形成一个巨大的"园林之海"，园林连绵二十余里，蔚为壮观，也是历史上罕见的皇家园林特区。乾隆时期是明、清皇家园林的鼎盛时期，它标志着康、雍以来兴起的皇家园林

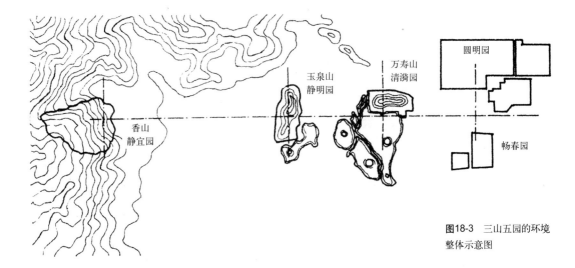

图18-3 三山五园的环境整体示意图

建设高潮的最终形成，它在造园艺术方面所取得的成就使得北方园林成为与江南园林南北并峙的一个高峰。[1]

[1] 周维权. 中国古典园林史[M]. 第3版. 北京：清华大学出版社，2010.

圆明园：万园之园

恐怕没有哪处中国园林像圆明园那样备受关注，从"万园之园"的繁华到八国联军火烧圆明园后的萧条，从圆明园防渗膜事件到今天炒得沸沸扬扬的200亿异地重建，圆明园记载了中国园林的辉煌与八国联军的野蛮贪婪，寄托着中国人特殊而又繁杂的感情。圆明园的前世今生与是非荣辱也如同烙印般深深刻在了我们心灵深处。

圆明园始建于康熙四十六年（公元1709年），最初由康熙题名，雍正《圆明园记》中述："圆明意志深远，殊未易窥，尝稽古籍之言，体认圆明之德。夫圆而入神，君子之时中也；明而普照，达人之睿智也。"圆明园最初是康熙皇帝赐给皇四子胤禛（即后来的雍正皇帝）的花园，雍正三年（公元1725年），雍正帝把圆明园改为离宫御苑，在圆明园南面增建宫殿衙署，占地面积由原来的六百余亩扩大到三千余亩。

乾隆帝继位后，对圆明园进行局部增建、改建之外，并在圆明园的东邻和东南邻兴建了长春园和绮春园（同治时改名万春园），故又称圆明三园。至乾隆三十五年（公元1770年），圆明三园的格局基本形成。圆明园借景西山、玉泉山、万寿山，更以其地下泉水为源，经清王朝统治者用 150 余年，集全国物力役使无数民间精工，倾注千百万人民的心血，陆续缔造经营的一座规模极其宏伟的中国古典皇家园林。全盛时期的圆明园比颐和园的整个范围还要大出近千亩，它是清代封建帝王在 150 余年间所创建和经营的一座大型皇家宫苑。圆明园不仅成为清王朝历代皇帝避暑，游憩和长久居住的地方，也是皇帝"避喧听政"进行各种政治活动的场所。雍正、乾隆、嘉庆、道光、咸丰五朝皇帝，都曾长年居住在圆明园优游享乐，并于此举行朝会，处理政事，它与紫禁城（故宫）同为当时的全国政治中心。

圆明园中倚借地势挖湖堆山构成骨架，引水浚池成其脉络，即体现着皇家园林的大器，又有江南园林的秀丽，也曾数次被传教士传播西方，有"万园之园"的美誉。其中 1760 年完工的圆明园西洋楼，是我国建造的第一个具备群组规模的西方园林作品。西洋楼的规划一反中国传统园林的造园手法，突出表现了欧洲规整式园林的轴线控制、均匀对称的特点，开创了中西园林艺术加以相互结合的先例。

图 18-4 圆明园效果图

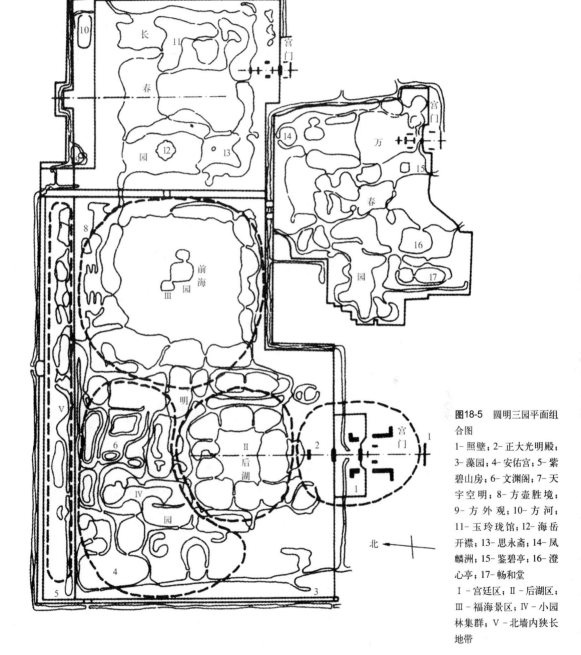

图18-5 圆明三园平面组合图

1-照壁；2-正大光明殿；3-藻园；4-安佑宫；5-紫碧山房；6-文渊阁；7-天宇空明；8-方壶胜境；9-方外观；10-方河；11-玉玲珑馆；12-海岳开襟；13-思永斋；14-凤麟洲；15-鉴碧亭；16-澄心亭；17-畅和堂

Ⅰ-宫廷区；Ⅱ-后湖区；Ⅲ-福海景区；Ⅳ-小园林集群；Ⅴ-北墙内狭长地带

18. 乾隆：最具文化修养的皇帝造园家

圆明园极盛时期，共有百多座各种类型的木石桥梁，有园林风景群一百余处，楼台殿阁、榭亭等建筑面积16万平方米，比故宫的建筑面积还多1万平方米。圆明园是人工创造的一处规模宏伟，景色秀丽的大型园林。平地叠山理水，精制园林建筑，广植树木花卉。以断续的山丘、曲折的水面及亭台、曲廊、洲岛、桥堤等，将广阔的空间分割成大小百余处山水环抱、意趣各不相同的风景群（图18-4、图18-5）。

据现藏于法国巴黎博物馆内由清内廷画师唐岱、沈源绘成绢本设色的《圆明园四十景图》合题跋共80幅，四十处景观分别为：九州清晏，武陵春色、映水兰香、别有洞天、正大光明、接秀山房、杏花春馆、鱼跃鸢飞……。正如法国大文豪雨果所说：

"在世界的某一角落，曾有着一个人间奇迹：这个奇迹叫圆明园。艺术有两个本原：观念和想象；前者产生欧洲艺术，后者产生东方艺术。北京圆明园是基于想象基础上的艺术，而雅典巴特农神庙则是基于观念基础上的艺术，均有异曲同工之妙。一个近乎超凡之人民的想象力所能创造的一切，皆汇集于这座宫殿中。这非巴特农神庙那样单一而无双之作；幻想若有模式，那夏宫便是其巨型的样板。不妨设想一下，这座用尽笔墨也难以言状的建筑，犹如神奇的月宫，就是圆明园。那用大理石、玉石、青铜和瓷器建造这一梦想吧！用雪松把它架设起来，并饰之以宝石，裹之以丝绸；把它变成庙宇、闺房、城堡，并供奉诸神与鬼怪；将殿阁楼台涂彩、上釉、镀金，粉饰一新。调集那些具有诗人想象力的建筑师，把这一千零一夜、一千零一梦都体现出来吧！周围还要有各种花园、湖池、喷泉与泡石，伴以天鹅、朱鹭和孔雀嬉戏。一句话，尽量使之变成以宫殿和庙宇为代表、充分体现人类想象力那光彩夺目、令人眼花缭乱的境界，正是这一宏大建筑之所在！。为了创造圆明园这个奇迹，数代人付出何其漫长的辛勤劳动。这座大得像城市的建筑物，历经数百年营造，究竟为谁而建？为人民而建，因为凡时间所创造的一切，皆属于人类。艺术家、诗人和哲学家们，都知道圆明园；伏尔泰就曾提到过它。人说：希腊有巴特农神庙、埃及有金字塔、罗马有竞技场、巴黎有圣母院，而东方有圆明园。不曾见过圆明园，梦中也会想象它。这堪为无可比拟、

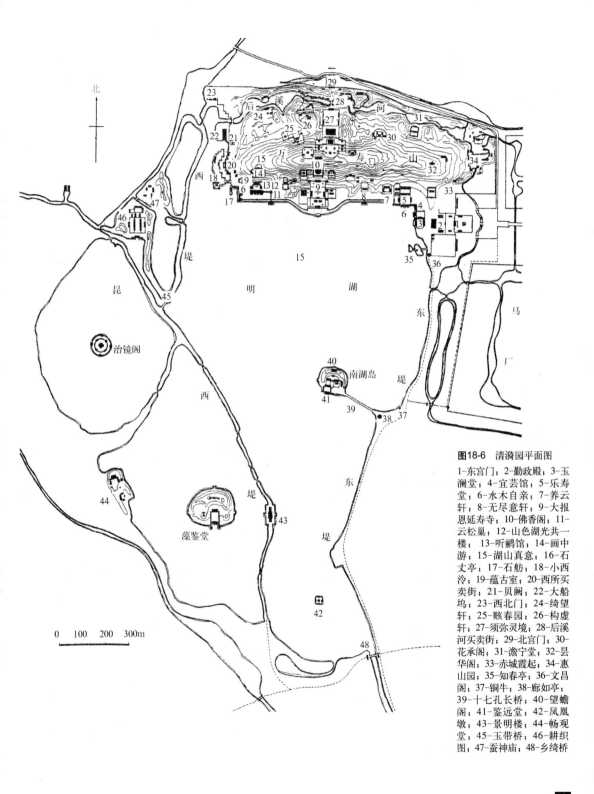

图18-6 清漪园平面图
1-东宫门；2-勤政殿；3-玉澜堂；4-宜芸馆；5-乐寿堂；6-水木自亲；7-养云轩；8-无尽意轩；9-大报恩延寿寺；10-佛香阁；11-云松巢；12-山色湖光共一楼；13-听鹂馆；14-画中游；15-湖山真意；16-石丈亭；17-石舫；18-小西泠；19-蕴古室；20-西所买卖街；21-贝阙；22-大船坞；23-西北门；24-绮望轩；25-赅春园；26-构虚轩；27-须弥灵境；28-后溪河买卖街；29-北宫门；30-花承阁；31-澹宁堂；32-昙华阁；33-赤城霞起；34-惠山园；35-知春亭；36-文昌阁；37-铜牛；38-廓如亭；39-十七孔长桥；40-望蟾阁；41-鉴远堂；42-凤凰墩；43-景明楼；44-畅观堂；45-玉带桥；46-耕织图；47-蚕神庙；48-乡绮桥

18. 乾隆：最具文化修养的皇帝造园家

[1] （法）伯纳·布立赛. 1860：圆明园大劫难[M]. 高发明等译. 杭州：浙江古籍出版社，2005.

令人震撼的皇苑代表作；它远远呈现在神秘的暮色中，宛如欧洲文明地平线上那隐约可见的亚洲文明之轮廓。"[1]

悲剧的发生往往是以美好的开端为铺垫的，历经一个半世纪耗费巨资建设的圆明园，一座东方园林的明珠随着一个游牧王朝的没落与软弱而迹近消失。也正是前面所提及的法国大文豪在回复巴特勒上尉的同一封信中所说："这一奇迹已荡然无存。有一天，两个强盗闯进了圆明园。一个强盗大肆掠劫，另一个强盗纵火焚烧。" 1860年英法联军蜂拥而入京，作为皇帝行宫的圆明园自然也就成了联军首攻之地，自由劫掠数日满载而归后，火烧了圆明园，更使园林中大多景致被毁，成满目苍凉之地。1900年，八国联军侵犯北京，慈禧、光绪皇帝仓皇出逃，圆明园再次遭浩劫。经过两次洗劫，圆明园景致荡然无存，其惨败景象日趋严重……

新中国成立后，圆明园遗址得到保护，先后被列为公园用地和重点

图18-7 颐和园昆明湖与十七孔桥

文物保护单位，园内旱地被征收，进行了大规模植树绿化。保护了整个园子的水系山形和万园之园的园林格局。如今的圆明园自然再也无法与昔日的繁荣似锦相提并论了。作为世界上最大的遗址公园，圆明园吸引着众多的游客，但其热闹程度却远不及颐和园。

清漪园（颐和园）

清漪园，位于北京城西北，圆明园之西，玉泉山之东，是颐和园的前身，始建于乾隆十五年（1750年），至乾隆二十九年（公元1764年）完工（图18-6）。咸丰十年（公元1860年），清漪园被英法联军全部破坏。光绪中叶，慈禧太后叶赫那拉氏挪用海军建设费2000万两白银修复此园，光绪十四年（公元1888年）完成，基本上保持了原清漪园的格局，至此更名为颐和园。

为庆贺乾隆的生母皇太后钮钴禄氏60岁大寿，乾隆十五年（公元1750年）在瓮山圆静寺的废址上兴建清漪园园中主体建筑"大报恩延寿寺"（1888年慈禧重建时改为排云殿），同年发布上谕改瓮山为"万寿山"，改山前西湖为"昆明湖"（图18-7）。在昆明湖中堆筑两大岛治镜阁和藻鉴堂，与保留下来的南湖岛成三足鼎立布局，形成了皇家园林建设的"一池三山"模式。清漪园也是从2000年前西汉的建章宫开始到目前为止，我国皇家园林建设史上唯一幸存的一座保持着"一池三山"传统模式的皇家园林。

清漪园的总体规划建设和众多景观景点以杭州西湖和江南景致作为蓝本，总体布局仿杭州西湖，西堤仿苏堤，景明楼仿岳阳楼，凤凰墩仿无锡黄埠墩，惠山园（嘉靖十六年，即公元1811年改为谐趣园）仿无锡寄畅园等。

乾隆花园

乾隆花园（宁寿宫花园）在故宫外东路宁寿宫西侧。建于乾隆三十六年到四十一年（公元1771—1776年），共用6年时间才完成，是乾隆帝兴建太上皇宫宁寿宫时在近旁营建的花园，供他养老休憩。

园西靠宫墙，东临宫殿，南北长160米，东西宽37米，占地5920平方米，布局精巧，组合得体，是宫廷花园的典范之作。花园分为四进院落，按南北两段轴线布置，衍祺门经古华轩、遂初堂至耸秀亭是南部轴线，萃赏楼经碧螺亭至符望阁为北部轴线。结构紧凑、灵活，空间转换，曲直相间，气氛各异。著名的建筑有古华轩、禊赏亭、旭辉亭、遂初堂、萃赏楼、延趣楼、符望阁、竹香馆、倦勤斋等。分布错综有致，间以逶迤的山石和曲折回转的游廊，使建筑物与花木山石交互融合，意境谐适，是故宫中著名的园林。

19. 样式雷：
清朝皇家宫廷建筑匠师家族

在全世界，找不到这样一个家族，前后延续二百多年，在国土辽阔、人口众多、文明程度很高、历史也非常悠久的国家，一直从事最高级建筑的设计，遗留下来的作品列入世界文化遗产目录的就有故宫、天坛、颐和园、避暑山庄、清东陵、清西陵等。在作品列为世界文化遗产的世界各国古代建筑师中，恐怕找不到一个样式雷这样的建筑世家，竟然能有这样重大的影响。

——王其亨[1]

[1] 王其亨. 样式雷：华夏建筑的传世绝响[J]. 中华遗产，2005（4）.

样式雷家族祖籍江西南康府建昌县（今永修县），康熙二十二年（公元1683年），雷发达与堂弟雷发宣以南方匠人的身份，到北京为朝廷供役。在康熙中期至民国初年的200多年时间里，样式雷家族设计修建了大量皇家建筑，因长期执掌"样式房"而得名。梁思成在《中国建筑和中国建筑师》一文中称："在十七世纪末年，一个南方匠人雷发达来北京参加营造宫殿的工作。因为技术高超，很快就被提升担任设计工作。从他起一共七代直到清朝末年，主要的皇室建筑如宫殿、皇陵、圆明园、颐和园等都是雷氏负责的。"样式雷家族包括雷发达、雷金玉、雷家玺、雷家玮、雷家瑞、雷廷昌、雷献彩等，是对清代200多年间主持皇家建筑设计的匠师家族雷姓世家的誉称（表19-1）。

样式雷家族谱系 表19-1

辈分	代表人物	年岁	主要功绩
第一代	雷发达，字明所	生于万历四十七年二月二十一日（公元1619年4月5日），卒于清康熙三十二年八月十一日（公元1694年9月29日）	清康熙二十二年（公元1683年）雷发达和堂弟雷发宣应募来到北京，参加皇宫的修建工程，以其精湛的卓越的技术才能，得到康熙帝的赏赐，并获得了官职
第二代	雷金玉，字良生	生于顺治十六年（公元1659年），卒于雍正七年（公元1729年）	雍正帝从雍正三年（公元1725）大规模扩建圆明园，雷金玉作为圆明园楠木作样式房掌案，负责圆明园工程设计图纸、烫样及营造，是雷氏家族第一位执掌这一职位的人
第三代	雷声征，字藻亭，金玉幼子	生于雍正七年（公元1729年），卒于乾隆五十七年（公元1792年）	雷氏家谱难见记载
第四代	雷声征三子：雷家玺（字国贤）、雷家玮、雷家瑞	雷家玺生于乾隆二十九年（公元1764年），卒于道光五年（公元1825年）	三兄弟供职工部样式房，家玺先后承办乾隆、嘉庆两朝的营造业，操办宁寿宫花园工程，设计嘉庆陵寝工程，筹办乾隆八十大寿庆典由圆明园至皇宫沿路点景楼台的设计与营造工程，嘉庆年间又承建了圆明园绮春园建设工程以及同乐园戏楼的改建、含经堂戏楼的添建，长春园如园的改建工程
第五代	雷景修，字先文，号白璧，雷家玺第三子	生于嘉庆八年（公元1803年），卒于同治五年（公元1866）	16岁开始在圆明园样式房学习传世艺，道光二十九年（公元1849年），争回了祖传样式房掌案之职。主要参与清西陵、清东陵、圆明园工程，建立流传至今的样式雷图档
第六代	雷思起，号禹门，雷景修第三子	生于道光六年（公元1826年），卒于光绪二年（公元1876年）	执掌样式房，设计营造咸丰东陵定陵，因建陵有功，以监生钦赏盐场大使，为五品职衔。同治十三年（公元1874年）重修圆明园，雷思起与其子雷廷昌因进呈所设计的园庭工程图样得蒙皇帝召见5次
第七代	雷廷昌，字辅臣，又字恩绶，雷思起长子	生于道光二十五年（公元1845年），卒于光绪三十三年（公元1907年）	雷廷昌随父参加定陵、重修圆明园等工程，独立承担设计营造同治惠陵，慈安、慈禧太后的定东陵、光绪帝的崇陵等多项大型陵寝工程，以及颐和园、西苑、慈禧太后六旬万寿盛典等工程
第八代	雷献彩，字霞峰	生于光绪三年（公元1877年），卒年不详	雷献光、雷献瑞、雷献春、雷献华兄弟参与圆明园、普陀峪定东陵重建以及颐和园、西苑、崇陵、摄政王府、北京正阳门的工程等

"样式雷"参与建造了北京的故宫、圆明园、万春园、颐和园、景山、天坛、清东陵、清西陵等,还有坛庙、府邸、衙署、城楼、营房、御道、宅院及京西的治理水利工程等等。此外,还有承德避暑山庄、南方杭州的行宫、北方的盛京(今沈阳)等誉满中外的传世杰作。今天中国被列入"世界文化遗产"的古代建筑,有20%是"样式雷"的智慧与心血,如此众多建筑杰作被列为世界文化遗产,在世界尚无先例,创造了世界建筑史的奇迹。

雷发达在很长时间内被认为是样式雷的鼻祖。在样式雷家族中,声誉最好,名气最大,最受朝廷赏识的应是第二代的雷金玉。他因修建圆明园而开始执掌样式房的工作,是雷家第一位任此职务的人。20世纪30年代初,营造学社创始人朱启钤先生在整理有关"样式雷"世家史料时,搜集并在《哲匠录》中载录了雷发达太和殿上梁立功的故事:"康熙中叶,营建三殿,发达以南匠供役其间。据古老传闻云:'时太和殿缺大木,仓猝拆取明陵楠木旧梁柱充用。上梁之日,圣祖亲临行礼。金梁高举,卯榫悬而不合,工部从官相顾愕然,惶恐失措,所司私异发达冠服,使袖斧猱升,斧落榫合。礼成。上大悦,面敕授工部营造所长班。'时人为之语曰:'上有鲁班,下有长班;紫微照命,金殿封官。'"[1] 这传奇故事,后来被很多建筑史家引述,广为流传直至今日。但历史记录中,太和殿确曾有过两次重建,但第一次发生于康熙八年(公元1669年),此时雷家尚未来北京,第二次发生于康熙三十四年(公元1695年),此时距雷发达去世已有2年。也就是说,雷发达不可能参与太和殿的重建工作。研究者们经过考证,事件的主角不是雷发达,而是他的儿子雷金玉,上梁地点乃是海淀园庭工程中的正殿,而非太和殿。最近出版的《中国古代建筑技术史》,就引用了这一修正故事。[2]

"样式雷"在第八代传人雷献彩之后,与封建王朝一起没落,辛亥革命后,作为皇家建筑设计的样式房差务也就随之消失。20世纪30年代,"样式雷"家族衰败以后,不得不靠出售世代积累在家中的这些图纸与烫样。以朱启钤先生所领导的中国营造学社为挽救这批有价值的资料而不遗余力,《中国营造学社汇刊》二卷二期的"社事纪要"中记载:"本年(民国

[1] 杨永生. 哲匠录[M]. 北京:中国建筑工业出版社,2005.

[2] 中国科学院自然科学史研究所主编. 中国古代建筑技术史[M]. 北京:科学出版社,1985:584.

十九年)五月因样房雷旧存之官殿苑囿陵墓各项图样,四处求售,有流出国外及零星散佚之虞。朱先生乃建议文华基金会,设法筹款,旋由北平图书馆购存,先行着手整理,将来供本社之研究。兹将建议原函及最初目录,照录如左。"著名建筑学家刘敦桢教授在《同治重修圆明园史料》中,有一段样式雷家世及其烫样较详细的记载:"雷氏俗称'样式雷',自康熙中叶以来,掌样式房二百余载,家藏模型、图样多种,近岁以生计窘促,陆续出售,以易温饱,其一部经本社朱桂辛先生之建议于民国十九年夏,由国立北平图书馆购存,余归中法大学,而事前零星散失及被中外人士购去者,为数亦复不少。"

现存样式雷图样中最大的图样长可达3米,最小的仅有巴掌大小,其绘制方法与今天的建筑设计图的表现方法有不少相同之处。样式雷图档包括的内容十分丰富,最大量的是各个阶段的设计图纸,还有相当于施工设计说明的《工程做法》、随工日记等,它们涵盖了清代皇家建筑规划、设计和施工各个阶段的详细情况,是中国古代建筑史上最翔实、最直观的资料(图19-1—图19-6)。它们对清代历史、中国古代建筑史的研究,以及相关文物建筑的保护、复原等,均有巨大价值,反映了中国古

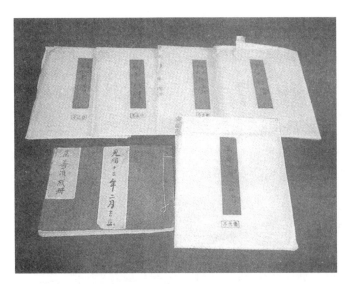

图19-1 清华大学建筑学院资料室藏样式雷画样

图19-2 "样式雷图档"中的大清门至坤宁宫中一路立样糙底在展览会上展出

代建筑达到最后一个高峰时期的全面成就。[1]

2007年6月11日—15日,"世界记忆工程"国际咨询委员会在南非召开会议,讨论通过将清代"样式雷"图档引入《世界记忆名录》。2007年8月7日,联合国教科文组织向申请单位中国国家图书馆发出通知函和证书。据国家图书馆2007年9月9日—23日《大匠天工》——清代"样式雷"建筑图档荣登《世界记忆名录》特展记载:传世的"样式雷"图档主要由国内各相关机构收藏,总计近2万件。中国国家图书馆收藏"样式雷"图档约15000件,中国第一历史档案馆有关图样约1000件,故宫博物院主要收购中法大学收购的3000件又76具"样式雷"烫样。此外,清华大学、中国科学院科学图书馆、中国社会科学院图书馆、中国国家博物馆、北京档案馆、北京大学图书馆、中国文物研究所等单位也收藏有部分图档。流散到国外的"样式雷"图档,主要藏于法国巴黎集美东方艺术博物馆、美国康奈尔大学东方图书馆以及日本东京大学东洋文化研究所等处。[2]

[1] 吴颖鸿."样式雷":清代二百年的建筑传奇[J].北京日报,2012-06-13.

[2] 金鉴."样式雷"家族传奇[J].海内与海外,2010(01)。

图19-3 圆明园廓然大公样式雷设计烫样(故宫博物院馆藏)

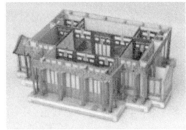

图19-4 圆明园勤政殿样式雷设计烫样（故宫博物院馆藏）

图19-5 北京紫禁城建福宫立样局部（故宫博物院馆藏）

图19-6 北京紫禁城建福宫立样（故宫博物院馆藏）

20. 李渔：
清初博物风雅的园林理论家与美学家

> 李渔论造园，不但注意到了园林艺术的创作客体，而且还特别重视园林艺术的创作主体。在《闲情偶寄》论述园林艺术的文字中，始终把造园家的主体创造活动放在主导地位。
>
> ——杜书瀛[1]

[1] 杜书瀛. 李渔美学思想研究[M]. 北京：中国建筑工业出版社，1998.

明清以后，古典园林艺术达到了发展成熟后的辉煌灿烂时期。也正是在这个时期，文人园林日臻成熟，甚至达到了极盛的局面。这时，文人、画家纷纷参与造园，很多甚至成了专业造园家，清初李渔便是其中杰出的一位。

艺术生活达人与《闲情偶寄》

李渔（公元1611—1680年），初名仙侣，后改名渔，字谪凡，号笠翁（图20-1）。明万历三十八年（公元1611年）年生于江苏如皋，祖籍浙江兰溪。明末清初文学家、戏曲家、园林美学家，更是一位热爱艺术生活的时尚达人。李渔18岁补博士弟子员，在明代中过秀才，入清后无意仕途，开始著述和指导戏剧演出。

图20-1 李渔

图20-2 《芥子园画传》

　　李渔素有才子之誉，世称李十郎。他是中国第一个建立系统戏剧理论的天才，是中国画第一部画谱《芥子园画传》的出版人（图20-2）。他家设戏班，至各地演出，积累了丰富的戏曲创作、演出经验，著有《笠翁十种曲》、《一家言文集》、《闲情偶寄》，小说《连城璧》、《十二楼》、《肉蒲团》等。

　　李渔在60岁前后，开始系统地总结他的经验，使其上升为理论。康熙十年（1671年），《笠翁秘书第一种》即《闲情偶寄》（又叫《笠翁偶集》）问世，这是李渔一生艺术与生活经验的结晶，中国第一部倡导休闲文化的专著（图20-3）。《闲情偶寄》分为词曲、演习、声容、居室、器玩、饮馔、种植、颐养八部，共有234个小题，书中处处挥洒洋溢着一流的生活审美情趣与雅致的娱乐文化，堪称生活艺术大全、休闲百科全书。林语堂在《吾国与吾民》第九章〈生活的艺术〉中称《闲情偶寄》"是中国人生活艺术的指南"，对民国以来之审美品位影响深远。与《园冶》的沉寂无名恰恰相反，《闲情偶寄》自康熙十年（1671年）刊行以来，争相为世人所传阅，300多年来经久不衰，一直备受人们关注，清人凡是谈到李渔，必谈到《闲情偶寄》，并加以称道。

李渔的戏曲论著存《闲情偶寄》词曲部，以结构、词采、音律、宾白、科诨、格局六方面论戏曲文学，以选剧、变调、授曲、教自、脱套五方面论戏曲表演，对我国古代戏曲理论有较大的丰富和发展。《闲情偶寄》除戏曲理论外，还有饮食、营造、园艺等方面的内容。

《闲情偶寄》的后六部主要谈娱乐养生之道和美化生活，内容丰富，切合实用，为我们全景式地提供了古人日常生活和世俗风情的画卷。《闲情偶寄》融作者的聪明才智和无限的艺术生活情趣于一体，从亭台楼阁、池沼门窗布局，界壁分隔，到花草虫鱼，鼎铛玉石摆设；从妇女妆阁、修容、首饰、脂粉点染到穷人与富人的颐养之方……生活的方方面面一应俱全，无不涉猎。李渔犹如一位引领时尚的艺术生活达人，通过独特的文化情趣和鲜明的人文生活描述，引领着人们对艺术生活的全新认识和追求。

图20-3 《闲情偶寄》内页

《闲情偶寄》中的造园理论成就

关于造园理论和园林审美的美学思想,《闲情偶寄》的《居室部》、《种植部》、《器玩部》多有论述。

其中《居室部》主要讲述房屋建筑和园林营造的心得、经验与审美,按"房舍第一"、"窗栏第二"、"墙壁第三"、"联匾第四"、"山石第五"分项叙述。

"房舍第一"主要叙述房屋建筑及园林的选址、方位,屋檐的审美效果,园林空间处理,房屋及园林铺装等。开篇论述了房舍建筑的居住实用功能,指出:"吾愿显著之居,勿太高广。夫房舍与人,欲其相称。"房屋建造应和人的使用相称,不要奢侈浪费,认为"土木之事,最忌奢靡"。

李渔自述生平有两绝技:"一则辨审音乐,二则置造园亭",并提出自己营造园林的原则和理念:"创造园亭,因地制宜,不拘成见,一榱一桷,必令出自己裁"。《闲情偶记·居室部》房舍第一中记述:"常见通侯贵戚,掷盈千累万之资,以治园圃,必先谕大匠曰,亭则法某人之制,榭则遵谁氏之规,勿使稍异。而操运斤之权者,至大厦告成,必骄语居功,谓其立户开窗,安廊置阁,事事皆仿名园,纤毫不谬。噫,陋矣。以构造园亭之胜事,上之不能自出手眼,如标新立异之文人,下之至不能换尾移头,学套腐为新之庸笔,尚嚣嚣以鸣得意,何其自处之卑哉!"李渔在此强调了在营造园林时的独创精神和应具有标新立异的艺术个性。李渔之前的造园专著《园冶》,只谈到"三分匠七分主人"的谚语,略加论说而未深入;其他涉及造园的著作如文震亨的《长物志》等,对此论述得也很不够。只有李渔的《闲情偶寄》,才从美学上对园林艺术的创作个性给予高度重视,予以充分阐述,成为贯穿其园林理论的中心思想之一。这不能不说是李渔对中国古代园林美学的一个贡献。[1]

"窗栏第二"叙述各种窗栏的设计方法和原则,园林中凭借窗栏借景、框景的美学思想,并附各种窗栏的设计图样(图20-4)。后一部分以"取景在借"为题,提出"开窗莫妙于借景"的理念,认为造园不必拘于开窗启牖,只局限墙内风物景致,敞开窗口借取外界风光也是不错的途径,道出了"变昨为今,化板成活","移天换日之法"的借景真谛。

[1] 杜书瀛. 李渔美学思想研究[M]. 北京:中国社会科学出版社,1998.

图20-4 《闲情偶寄》中的尺幅窗"无心画"图式

"墙壁第三"中开篇论述不论富人的"峻宇雕墙",还是穷人的"家徒壁立",都应遵循"其实为人即是为己,人能以治墙壁之一念治其身心,则无往而不利矣"的准则去修筑墙壁。指出界墙最好用乱石头堆砌,石子次之,女墙"须择其至稳极固者为之",厅壁"不宜太素,亦忌太华",而书房壁"最宜潇洒"等的艺术处理方法。

"联匾第四"专谈房屋建筑和园林中的"联匾"应用与审美,以及它对于主人情趣和思想的表达所起的作用,并详细描述了蕉叶联、此君联、碑文额、虚白匾、石光匾、秋叶匾等联匾的制作方式、园林审美特征等，并绘图示范了部分联匾式样。

"山石第五"专谈在园林营造中山石的美学价值和地位，以及园林筑山叠石的艺术手法，论述颇为精辟。李渔在营构园林时，注重遵从自然，师法自然，使所筑园林与大自然融合为一体，成功的园林要"一拳代山，一勺代水"，去"人工"而呈"天巧"。在筑山叠石造园时，推崇"随举一石，颠倒置之，无不苍古成文，迂回入画"，提倡"宜自然，不宜雕斫"，"顺其性"而不"戕其体"。他在《闲情偶记·居室部·山石》中指出："幽斋垒石，原非得已。不能致身岩下，与木石居，故以一拳代山，一勺代水，所谓无聊之极思也。然能变城市为山林，招飞来峰使居平地，自是神仙妙术，假手于人以示奇者也，不得以小技目之。且垒石成山，另是一种学问，别是一番智巧。尽有丘壑填胸、烟云绕笔之韵士，命之画水题山，顷刻千岩万壑，及倩磊斋头片石，其技立穷，似向盲人问道者。故从来叠山名手，俱非能诗善绘之人。见其随举一石，颠倒置之，无不苍古成文，迂回入画，此正造物之巧于示奇也。譬之扶乩召仙，所题之诗与所判之字，随手便成法帖，落笔尽是佳词，询之召仙术士，尚有不明其义者。若出自工书善咏之手，焉知不自人心捏造？妙在不善咏者使咏，不工书者命书，然后知运动机关，全由神力。其叠山垒石，不用文人韵士，而偏令此辈擅长者，其理亦若是也。然造物鬼神之技，亦有工拙雅俗之分，以主人之去取为去取。主人雅而喜工，则工且雅者至矣；主人俗而容拙，则拙而俗者来矣。有费累万金钱，而使山不成山、石不成石者，亦是造物鬼神作祟，为之摹神写像，以肖其为人也。一花一石，位置得宜，主人神情已见乎此矣，奚俟察言观貌，而后识别其人哉？"李渔认为人们不能经常置身于自然山水之中，所以只好模拟自然山水创造园林，把城市变成山林来代替，故垒石成山，也是一种学问，别有一番智慧与技巧。叠山垒石营造园林，是园林主人审美情趣和生活感受的反应，其趣味高雅并追求精巧，那么造出来的山石园林就是高雅精巧的，反之，即使花费上万的金钱，所造之园也是低俗笨拙的。李渔还提倡土石山而反对石山，土石山是土石相间或土多于石的叠山，石山则是石多于土或全部用石的叠山。李渔认为土石山"用以土代石之法，既减人工，又省物力，且有天然委曲之妙，混假山于真山之中，使人不能辨者"。而石山，用石过多，有悖天然山脉之理。"山石"一节中还谈到石壁、石洞、单块特制等的特殊手法，并从"贵自然"和"重经济"的观点出发，推崇自宋以来文人园林的叠山传统，即以质胜文，以少胜多。[1]

《器玩部》包括"制度"和"位置"两个部分，主要涉及园林建筑的室内装饰和家具陈设问题。

《种植部》包括"木本"、"藤本"、"草本"、"众卉"、"竹木"五部分，共提到八十余种花木，分别论述了各种花木的栽培技术，特别是它们的审美品格和观赏价值。

[1] 周维权. 中国古典园林史[M]. 第3版. 北京：清华大学出版社，2010.

园林中的精致生活

李渔"遨游一生，遍览名园"，对于营造亭园体悟至深。所以他每到一处，必先购地选材置造园林。他曾先后为自己营造杭州伊园、南京芥子园、杭州层园三座园林，帮助陕西巡抚贾汉复规划设计了在北京的半亩园。

伊园

明亡后，李渔暂居家乡兰溪下李村，饱受战乱之苦的李渔决定在下李村营构草庐，过自耕自食的"识字农"生活。在《拟构伊山别业未遂》一诗中写道："拟向先人墟墓边，构间茅屋住苍烟。门开绿水桥通野，灶近清流竹引泉。糊口尚愁无宿粒，买山那得有余钱。此身不作王摩诘，身后还须葬辋川。"他决定学唐代诗人王维，在伊山别业隐居终生，字里行间表露出了归隐之志和对于田园生活的向往。经过一年时间的施工，顺治五年（公元1648年），房屋建成，构筑有廊、轩、桥、亭等诸景，李渔将它命名为"伊山别业"即伊园。伊园是李渔展示其园林技艺的最初杰作，虽因陋就简而成，但整座园林所处在自然山水环抱之中，主人也是倍感惬意，并写下《伊园十便》、《伊园十二宜》等诗篇咏之。李渔在《伊园十便》的小序中再一次表达了自己隐逸山林的园居之乐："伊园主人结庐山麓，杜门扫轨，弃世若遗，有客过而问之曰：子离群索居，静则静矣，其如取给未便何？对曰：余受山水自然之利，享花鸟殷勤之奉，其便实多，未能悉数，子何云之左也。"

图20-5　半亩营园图（麟庆《鸿雪因缘图记》）

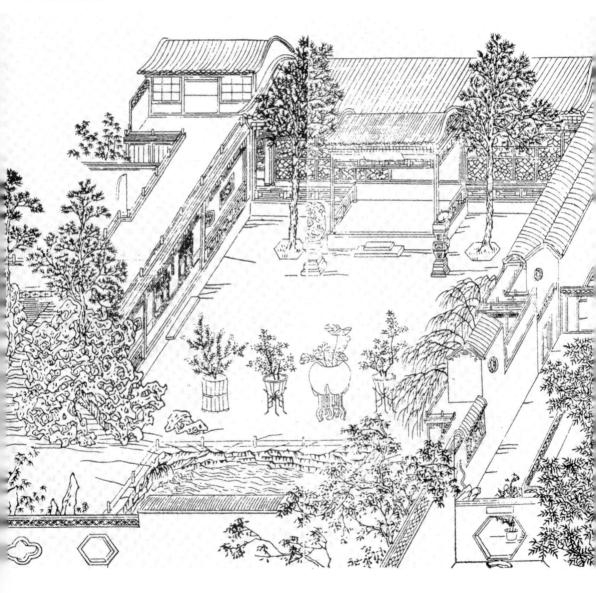

南京芥子园

清顺治十八年（公元 1661 年），李渔来到文人荟萃的六朝古都南京，开始了他文化艺术事业上的全新时期。康熙七年（公元 1669 年），李渔在孝侯（指晋人周处）台边购得一屋，名为芥子园，取"芥子虽小，能纳须弥"之意。他精心设计，巧妙安排，设置栖云谷、月榭、歌台、浮白轩等诸景，并都题有楹联，如月榭联，"有月即登台，无论春秋冬夏；是风皆入座，不分南北西东。"

芥子园，设有芥子书肆。芥子园里的生活，是李渔一生中最辉煌的时期，他在芥子园完成了《无声戏》、《一家言》、《闲情偶寄》等著作，并于康熙十八年（1680 年）资助套版精刻《芥子园画谱》，以芥子园名义出版。《芥子园画谱》此后一再翻版，自 300 多年前出版以来，不断拓展出新。近代现代的一些画坛名家如黄宾虹、齐白石、潘天寿、傅抱石等，都把《芥子园画谱》作为进修的范本。

后来李渔迁回杭州，芥子园屡换主人，但一直保持李渔优良的经营作风，成为清代著名的百年老店之一。有资料表明，直至清咸丰七年（1857 年），芥子园还刊印过《情梦柝》等小说。

层园

为了便于儿子回原籍应试，康熙十六年（公元 1677 年）67 岁的李渔迁回杭州。在当地朋友、官员的资助下，李渔买下了吴山东北麓张侍卫的旧宅，开始营建层园。次年，层园依西湖之畔的云居山而建成，成为李渔晚年迁居杭州时的居住宅园。层园面对西湖，背倚钱塘江，风景十分优美，"前门湖水后江潮，恰好住山腰"，"繁冗驱人，旧业尽抛尘市里；湖山招我，全家移入画图中"。可见层园借景西湖和云居山，得尽山水自然之恩赐。可好景不长，由于长期奔波的劳累，李渔于康熙十九年（1680 年）农历正月十三与世长辞了，被安葬在杭州方家峪九曜山上。

半亩园

半亩园在弓弦胡同（现北京东城黄米胡同），今仅存遗迹。半亩园是清初陕西巡抚贾汉复所居之地，李渔曾是他的幕僚，据麟庆《鸿雪因缘图记》："李笠翁（渔）客贾幕时，为葺斯园，垒石成山，引水作沼，平台曲室，奥如旷如。"半亩园园林设计与园中叠石均出自李渔之手，当时誉为京城之冠（图20-5）。清朝时半亩园有房舍180余间，为五进四合院，名为半亩，实际半亩有余。道光二十三年（公元1843年）此园为河道总督麟庆所居，并对宅院重新修缮恢复原貌，更增添许多景观，是半亩园的鼎盛时期，被誉为当时京城的六大花园之一。

21. 曹雪芹：
红楼梦里的中国园林

> 古典名著《红楼梦》中的大观园，是曹雪芹对北京、南京、苏州、扬州等地古典园林所进行的高度而广泛的概括，加以虚构和创造，而它作为艺术美的存在，又似乎成了古典园林的范本，其中美学思想，值得详加研究。
>
> ——金学智[1]

[1] 金学智. 中国园林美学[M]. 第2版. 北京：中国建筑工业出版社，2005.

曹雪芹和他的《红楼梦》

中国清代伟大的文学家、诗人，名沾，字梦阮，号雪芹，又号芹圃、芹溪。大约1715年（也有说法为1724年）出生于清朝江宁府（今南京），卒于1763年或1764年。曹雪芹的高祖因随清兵入关有功得受官职，颇受康熙帝宠信。曹雪芹的曾祖父曹玺，祖父曹寅，父辈的曹颙和曹𫖯等祖辈多代相继担任江宁织造，兼任两淮巡盐监察御使达60余年之久，康熙六下江南，其中四次由曹寅负责接驾，并住在曹家。曹家也因此成为满清时期的"百年望族"。雍正初年，由于统治阶级内部斗争的牵连，曹家遭受多次打击，举家迁回北京，家道从此日渐衰落。曹雪芹生于优裕，殁于贫困，从过眼云烟般的繁华到举步维艰的贫困潦倒，一生坎坷不平，饱尝世态炎凉，却以坚忍不拔的毅力专心致志地从事小说《红楼梦》的写作和修订，披阅十载，增删五次，创作出了这部文学巨著。

[1] 董志新. 毛泽东读红楼梦. 沈阳：万卷出版公司，2009.

《红楼梦》，中国古代四大名著之一，其原名有《石头记》、《情僧录》、《风月宝鉴》、《金陵十二钗》等。前80回曹雪芹著，后40回高鹗续（一说是无名氏续）。《红楼梦》内容包罗万象，博大精深，是一部具有高度思想性和高度艺术性的伟大作品，被毛泽东誉为"中国的第五大发明"、"中国封建社会的百科全书"[1]，在我国古代民俗、诗书绘画、封建制度、社会图景、园林花木、建筑金石、工艺美术等各领域皆有重要的研究价值。

《红楼梦》里的建筑与园林

"金门玉户神仙府，桂殿兰宫妃子家"，曹雪芹在《红楼梦》中，倾心构筑了荣国府、宁国府两座府第和大观园、会芳园、江南甄家花园等建筑和园林。台湾学者关华山先生在谈到《红楼梦》中府第与大观园的真实与虚构时认为："园林"提供了作者一个发挥他想象力、艺术创作才能的最佳"园地"；况且他让主角宝玉和宝钗住在园内，也是过着"随情适性"的生活，可见得园林的空间给人的感受，比起讲究"位序"的府第，是多变的，自由的，优美的，浪漫的，可容纳人的想象力的。这也间接地印证了一般

图21-1 石头记大观园全景图（选自清人孙温绘《全本红楼梦》）

的说法：传统住宅是我国儒教的"礼"的产物，园林却是循道家"法自然"的原则而呈现，两者连接在一起，将传统居住空间带到一个平衡状态。[1]

《红楼梦》中的贾府为庞大的建筑群，为贾家一族居住的府第。贾府包括荣国府、宁国府，分别为两位被皇帝册封的荣国公贾演和宁国公贾源所建造。两府格局都遵循"前殿后园"的建筑格局，前为府邸，后为花园，东西向由中路、东路、西路多组院落组成（图21-1）。对于荣宁二府，荣府描述较为详尽，住着《红楼梦里》诸多重要人物，如贾母、王夫人、贾宝玉、王熙凤、李纨、宝钗、黛玉、迎春、探春、惜春等（图21-2）宁府则住着宁国公后代贾珍、尤氏、贾蓉、秦氏等。

[1] 关华山.《红楼梦》中的建筑与园林[M].天津：百花文艺出版社，2008.

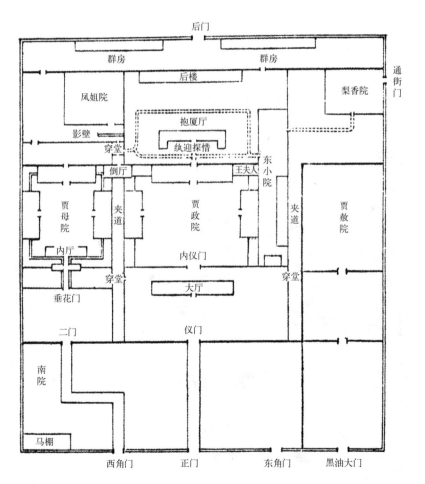

图21-2 荣国府第想象图

《红楼梦》中的记述山子野设计了大观园，而实际上大观园的设计者，是曹雪芹自己。关于大观园的真实与虚构，一度成为众多学者所争论的焦点，存在着多种说法和观点，有胡适的随园说（公元1921年），吴伯箫（1943年）的苑囿及庭院融合说，俞平伯的北主南从说（公元1952年），周汝昌（公元1953年）、吴心柳（公元1963年）等的恭王府说，吴世昌的随园创作说（公元1961年），林以亮的"纸上园林"说（公元1974年），赵冈的江宁织造署说（公元1975年），关华山的"小型苑囿、文笔园林"说（公元1984年）等十余种说法。[1]

曹雪芹生活的时代正是北方皇家园林和江南私家园林建造的成熟鼎盛时期，拥有南北方生活经历的曹雪芹撷取南北园林艺术之所长，精心创造出了人间奇境——大观园。元妃评价大观园："衔山抱水建来精，多少工夫始建成。天上人间诸景备，芳园应赐大观名。"

《红楼梦》中的大观园是贾府为元妃省亲所建，集省亲、宴饮、游幸、休憩、笔会、礼佛等多种功能（图21-3）。元妃省亲后，宝玉、宝钗及黛玉等人搬入居住。《红楼梦》中大观园包括怡红院、潇湘馆等9个主要的园中园，

[1] 关华山.《红楼梦》中的建筑与园林 [M]. 天津：百花文艺出版社, 2008.

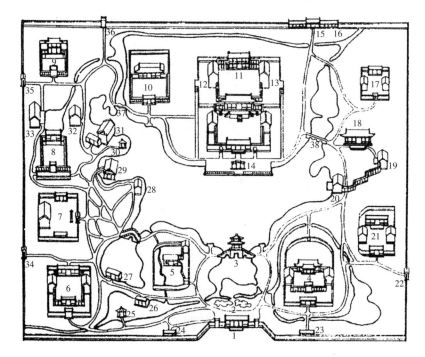

图21-3 大观园配置图（杨乃济绘制）
1-大门；2-曲径通幽；3-沁芳亭；4-怡红院；5-潇湘馆；6-秋爽斋；7-稻香村；8-暖香坞；9-紫菱洲；10-蘅芜院；11-大观楼；12-含芳阁；13-缀锦阁；14-省亲别墅坊；15-后门；16-厨房；17-佛寺；18-嘉荫堂；19-凸碧堂；20-凹晶馆；21-拢翠庵；22-角门；23-班房；24-议事厅；25-滴翠亭；26-柳叶渚；27-荇叶渚；28-芦雪亭；29-藕香榭；30-牡丹亭；31-芭蕉坞；32-红香圃；33-榆荫堂；34-角门；35-角门；36-后角门；37-折带朱栏板桥；38-沁芳闸

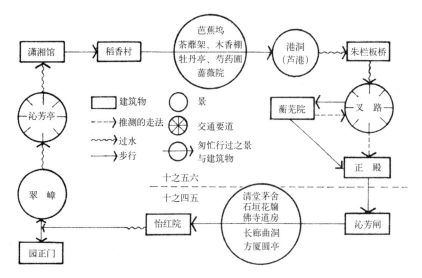

图21-4 第十七回贾政、宝玉等人游园路程图

作者倾注了丰厚的思想感情塑造了这些无与伦比的园林景观，并使之具有了与主人息息相通的生命与情感，从而每处园林更加个性鲜明，独具特色，如贾宝玉居住的怡红院富丽堂皇，林黛玉居住的潇湘馆清幽雅致，探春的秋爽斋疏朗大方、李纨的稻香村乡野简朴，薛宝钗的蘅芜苑则深邃寂寥……

大观园建筑形式多样，几乎囊括了堂、厅、楼、阁、馆、轩、榭、亭、廊、桥等，每一组建筑布局巧妙，相得益彰。园东为宝玉住的怡红院，妙玉住的栊翠庵，园西为黛玉住的潇湘馆，迎春住的缀锦阁，探春住的秋爽斋，惜春住的暖香坞，李纨住的稻香村，宝钗住的蘅芜苑。园内还有稻香山庄、藕香榭、荼蘼架、木香棚、牡丹亭、芍药圃、蔷薇院、芭蕉坞、蓼汀花溆、清堂茅舍、石垣、花牖等园林景观组团（图21-4）。[1]

[1] 焦俊梅等编. 红楼梦图谱[M]. 长沙：湖南美术出版社，2010.

在中国园林中，匾额题名、对联撰写都极为讲究。第十七回贾政评大观园时一语便道出了匾额楹联对于园林建筑的重要性："偌大景致，若干亭榭，无字标题，也觉得寥落无趣，任有花柳山水，也断不能生色。"如怡红院匾额"怡红快绿"，匾额秋爽斋"桐剪秋风"，潇湘馆的对联是："宝鼎茶闲烟尚绿，幽窗棋罢指犹凉。"仅14个字便将潇湘馆的景观意境描画得淋漓尽致。

《红楼梦》里的大观园设计巧妙、布局严谨，兼收南北两派园林艺术之大成，既有北方皇家园林的恢宏壮观、富丽堂皇，又有江南园林的小巧别致、精美素雅，数百年来为世人所向往。自清代嘉庆年间，便在《痴人说梦》中出现大观园平面图，20世纪更是出现了不同版本的平面图和鸟瞰图，甚至模型。时至今日，北京、上海、济南、河北正定等地纷纷耗巨资复制大观园，供人参观游览，但大都形似而没有神似，与《红楼梦》中所述大观园相差甚远，难以企及。

《红楼梦》里的园林花木

深谙中国传统文化的曹雪芹，在大观园中不但利用花木山石精心营造了每一处园林景物和居住环境，还用这些庭前舍后的园林花木来反映每个人的性格。如潇湘馆的竹林梨花、怡红院的芭蕉海棠、衡芜苑的藤萝、秋爽斋的梧桐、稻香村的杏花、紫菱洲的蓼花、栊翠庵的红梅……每个庭院的花草树木都对应了主人的秉性和气质，寓意丰富，独具匠心。最为典型的例子就是林黛玉的潇湘馆和贾宝玉的怡红院。

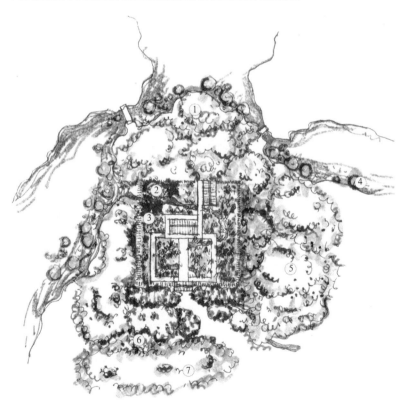

1- 竹林
2- 大株梨花
3- 芭蕉
4- 荷花
5- 竹林
6- 凤尾竹
7- 竹丛

图21-5 潇湘馆主要花木（意象图）

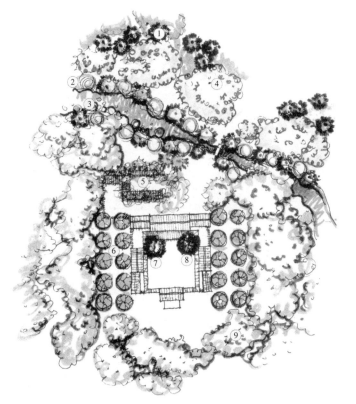

1- 青松翠竹
2- 桃柳间植
3- 荷花
4- 碧桃花林
5- 蔷薇、月季、宝相、金银藤花架
6- 柳
7- 西府海棠
8- 芭蕉
9- 玫瑰花丛

图21-6 怡红院主要花木（意象图）

《红楼梦》第十七回写潇湘馆："忽抬头看见面前一带粉垣，里面数楹修舍，有千百竿翠竹遮映……"宝玉题诗《有凤来仪》："秀玉初成实，堪宜待凤凰。竿竿青欲滴，个个绿生凉。进砌妨阶水，穿帘碍鼎香。莫摇清碎影，好梦昼初长。"潇湘馆园林花木配置以竹子为骨干树种，翠竹环绕中，配以梨花、芭蕉点缀其间，在庭院中创造清幽淡雅、宁静雅致的环境氛围，体现出黛玉清秀、脱俗、孤洁的人物性格（图21-5）。

《红楼梦》第十七回写怡红院："院中点缀几块山石，一边种着数本芭蕉，那一边乃是一棵西府海棠，其势若伞，丝垂翠缕，葩吐丹砂。"宝玉题诗《怡红快绿》："深庭长日静，两两出婵娟。绿蜡春犹卷，红妆夜未眠。凭栏垂绛袖，倚石护青烟。对立东风里，主人应解怜。"怡红院园林花木配置以"红、绿"为主色调，院中种植一株西府海棠和数本芭蕉，粉墙院外是绿柳，院门前为数丛玫瑰，后院是爬满藤本植物蔷薇、月季、金银藤的花架，隔着桃花林，借景山上的青松翠竹，别是一番情趣（图21-6、图21-7）。

图21-7　贾政游怡红院（选自清人孙温绘《全本红楼梦》）

台湾学者潘富俊先生在《红楼梦植物图鉴》一书中共收录了《红楼梦》书中出现过的药用植物、食用植物、观赏植物、引用诗词古籍或典故之植物等共计242种。《红楼梦》一书提到的植物种类非常可观，其中，出现回数最多的是茶，全书120回中共有100回提到茶，其余9种出现回数最多的植物分别是：荷（共38回）、柳（共37回）、竹（共38回）、桃（共26回）、梅（共24回）、桂（共22回）、稻（共18回）、杏（共17回）、松（共15回）。[1]

曹雪芹在写《红楼梦》时，对其中大部分的女主角，都作了花卉的比喻，第六十三回中所提示的芙蓉型的黛玉，牡丹型的宝钗，梅花型的李纨，杏花型的探春，海棠型的湘云，荼䕷型的麝月，并蒂花型的香菱，以及桃花型的袭人，这都有曹雪芹的原文可作依据。戴敦邦先生在撰写的《红楼梦群芳图谱》一书中，除了对上述8人作些解释外，还另选22人，一一以花喻之。她们是：梨花——妙玉，罂粟花——王熙凤；杜鹃——紫鹃；昙花——贾元春；虞美人——尤三姐；牵牛花——巧姐；迎春花——贾迎春；曼陀罗——贾惜春；莲花——晴雯；蔷薇——龄官；水仙——金钏；女贞——鸳鸯；芍药——薛宝琴；凤仙花——平儿；樱花——尤二姐；兰花——邢岫烟；含笑花——小红；朱顶红——司棋；野玫瑰——芳官；凌霄花——娇杏；仙客来——秦可卿；夫妻蕙——香菱。[2]

[1] 潘富俊. 红楼梦植物图鉴[M]. 上海：上海书店出版社，2005.

[2] 戴敦邦，陈诏编文. 红楼梦群芳图谱[M]. 天津：天津杨柳青画社，2010.

22. 张南垣父子：
清代皇家叠山造园匠师

> 君治园林有巧思，一石一树，一亭一沼，经君指画，即成奇趣，虽在尘嚣，如入岩谷。
>
> ——戴名世[1]

[1] 戴名世. 张翁家传[M]/南山集. 上海：上海古籍出版社，1981.

张南垣，名涟，原籍华亭人，即今上海松江人，后定居秀州，即今浙江嘉兴。清初江南著名的叠山造园家，他做的盆景与叠石并称"二绝"。记载张南垣的文献大体见于吴伟业的《张南垣传》，王世贞的《居易录》，阮葵生的《茶余客话》，以及《清史稿·张涟传》、《嘉兴县志》、《松江县志》等，多有出入。吴伟业《张南垣传》是应张南垣之邀所作，可靠性强。《松江县志》是在此先前资料基础上由何惠明、王健民于20世纪90年代主持编写。据《松江县志》：[2]

[2] 何惠明，王健民. 松江县志[M]. 上海：上海人民出版社，1991.

"张南垣，名涟，以字行。明松江府华亭县人，家住西林寺旁，中年后迁居嘉兴。面黑，身矮胖，性诙谐。早年学画，师法倪云林、黄子久笔法，好写人物，兼通山水法。常用山水画法叠石，堆石为假山，作平冈小阪、陵阜陂陀，就其奔注起伏之势，多得画意。其叠石，就地用材，随心点缀，变化无穷。为之既久，土石草树，都能识其性情，各得其所。其筑园，创手之初，但见乱石林立，乃踌躇四顾，默记在心，一边高坐与客谈笑，一边呼役夫，某树下某石置某处，不须斧凿，而非常妥帖；筑成后，结构天然，奇正无不入妙，使整个园林与周围自然景物浑然一体。许多名园，都出其手。

尝论叠石之技：'世之聚危石作洞壑者，气象慁促，由于不通画理。'因此，所布置的园林格局，大多仿自宋、元山水名家，处处都堪入画，成为艺术精品。享盛名数十年，东至越，北至燕，多有重金聘请去造园的。许多名流学者如董其昌、陈继儒、黄宗羲、吴伟业、钱谦益等都称赞其叠石绝技。所建园林有松江李建申的横云山庄、嘉兴吴昌时的竹亭湖墅、太仓王时敏的乐郊园、吴伟业的梅村、常熟钱谦益的拂水山庄等。所创盆景，亦妙绝无伦，与叠石时称'二绝'。

其子张然、张熊，也精叠石造园之术，能继父业。人称'山石张'，世业百余年不衰。"

张南垣长得矮胖，面孔黝黑，却生性诙谐幽默。张南垣小时候跟董其昌学过画，善绘人物，兼通山水。后来他用山水画技法指导堆石叠山，以山水画意来造园叠山构筑园林，所布置的园林景观，大多仿自宋、元山水名家，巧夺天工，处处都能入画，宛如艺术精品。许多名流学者如董其昌、陈继儒、黄宗羲、吴伟业、钱谦益等都称赞其叠石绝技。当代园林史学家曹汛先生在其诞辰四百周年时撰文称颂："（张南垣是我国一代造园大师）开创一个造园叠山艺术的新时代，创新一个造园叠山艺术的新流派，对当时和后世产生了深远的影响。"[1]

张南垣彻底摒弃了矫揉造作的造园叠山艺术风格，反对千篇一律地以小体量假山模拟整座大山的筑山方法。《张南垣传》记载张南垣叠石造园主张：

"唯夫平冈小阪，陵阜陂陁，版筑之功，可计日以就，然后错之以石，棋置其间，缭以短垣，翳以密筱，若似乎奇峰绝嶂，累累乎墙外，而人或见之也。其石脉之所奔注，伏而起，突而怒，为狮蹲，为兽攫，口鼻含呀，牙错距跃，决林莽，犯轩楹而不去，若似乎处大山之麓，截溪断谷，私此数石者为吾有也。方扩石沮，易以曲岸回沙，邃阁雕楹，改为青扉白屋。树取其不凋者，松杉桧栝，杂植成林；石取其易致者，太湖尧峰，随意布置。有林泉之美，无登顿之劳，不亦可乎！"

张南垣叠山造园极其重视地形地貌，崇尚自然，按山水画的意境来

[1] 曹汛. 造园大师张南垣（一）——纪念张南垣诞生四百周年[J]. 中国园林，1988（01）.

砌造假山，选材上因地取材，选用容易得到的太湖石、尧峰石等石头，以土为主，所叠假山，用石较少，土包石。他所叠山石看似随意，实为独具匠心，浑然天成，追求意境深远和形象真实的可入可游，主张堆筑"曲岸回沙"、"平岗小坂"、"陵阜陂陁"，"然后错之以石，缭以短垣，翳以密筱"。从而创造出一种幻觉，仿佛园墙之外还有"奇峰绝嶂"，人们所看到的园内叠山好像是"处于大山之麓"而"截溪断谷，私此数石者，为吾有也"。这种主张以截取大山一角而让人联想大山整体形象的做法，开创了叠山艺术的一个新流派。[1]

张南垣文化素养较高，非一般工匠所比，据戴名世《张翁家传》记载"常熟钱尚书，太仓吴司业，与为翁布衣交"，可见张南垣同清初文坛领袖吴伟业、钱谦益等交往密切，与其都是布衣之交。张南垣在清顺治年间到康熙年间在江南的松江、嘉兴、江宁、金山、常熟、太仓一带营造园林堆叠假山。所造之园众多，史书有记载的有松江李逢申横云山庄，嘉兴吴昌时竹亭湖墅、朱茂时鹤洲草堂，太仓王时敏乐郊园、南园和西田、吴伟业梅村、钱增天藻园，常熟钱谦益拂水山庄，吴县席本桢东园，嘉定赵洪范南园，金坛虞大复豫园等。

张南垣叠山造园，往往事先有规划，胸有成竹，处处随机应变，巧妙自然，尽量减少人工雕琢痕迹。从吴伟业的《张南垣传》来看，张南垣的叠山造园艺术确是师法自然、出神入化："经营粉本，高下浓淡，早有成法。初立土山，树石未添，岩壑已具，随皴随改，烟云渲染，补入无痕。即一花一竹，疏密欹斜，妙得俯仰。山未成，先思著屋，屋未就，又思其中之所施设，窗櫺几榻，不事雕饰，雅合自然。"每次造园前都事先观察各种材料，山石的正侧横竖、形状纹理，都默默地记在心中，建园时，"某树下某石可置某处"，常常一边与客人谈笑，一边招呼工匠说某棵树下的某块石头可以放在某处。堆造土山，树木和山石还未安置，山岩峡谷已安排妥帖，随机应变地选用各种山石来垒出假山的脉络，烘托它的气势，而不留下人工的痕迹。假山尚未垒成，就预先考虑房屋的建造；房屋还没有造好，又思索其中的布置，窗棂家具，都不加以雕琢装饰，十分自然。

关于张南垣后人造园事迹，《哲匠录》记载："有子四人皆世其学，尤

[1] 周维权.中国古典园林史[M].第3版.北京：清华大学出版社，2010：427.

⊙ 中国古代造园家

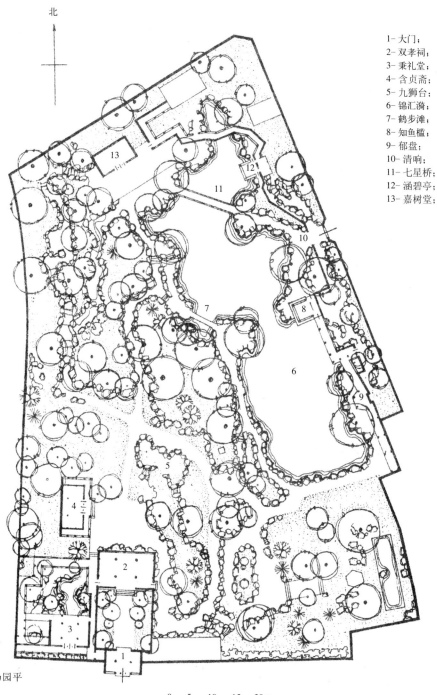

1- 大门；
2- 双孝祠；
3- 秉礼堂；
4- 含贞斋；
5- 九狮台；
6- 锦汇漪；
7- 鹤步滩；
8- 知鱼槛；
9- 郁盘；
10- 清响；
11- 七星桥；
12- 涵碧亭；
13- 嘉树堂；

图22-1 无锡寄畅园平面图

图22-2 寄畅园园林景观

以然最知名。然字陶蒂,继其父业,游于北地。供奉内廷三十余年,燕京之瀛台、玉泉、畅春苑皆其所布置。又为大学士王宛平公构怡园于城南之南半截胡同。水石之妙,有若天然。"[1] 张南垣的四个儿子皆传父业,尤以张然、张熊名气较大,其侄子张轼筑园也得其真传,曾叠无锡寄畅园假山(图22-1、图22-2)。清初王士祯《居易录》云:"大学士宛平王公、招同大学士真定梁公、学士涓来兄游怡园,水石之妙有若天然,华亭(现上海松江)张然所造也。然字陶庵,其父号南垣,以意创为假山,以营丘、北苑、大痴、黄鹤画法为之,峰壑湍濑,曲折平远,经营惨淡,巧夺化工。南垣死,然继之。今瀛台、玉泉、畅春苑皆其所布置也。"

张涟和张然父子在康熙年间流寓京师,都曾承康熙恩宠,康熙年间最为辉煌。《清史稿·张涟传》说:"后京师亦传其法,有称山石张者,

[1] 杨永生. 哲匠录 [M]. 北京:中国建筑工业出版社, 2005.

世业百余年未替。"谢国桢先生《张南垣父子事辑》指出:"北都则南海之瀛台、玉泉之静明园、西郊之畅春园、王学士之怡园,冯益都之万柳堂,皆出南垣父子之手。"从此其后人在北京专门以叠假山为业,盛淑清《清代画史增编》卷十四有张然二子小传:"张元炜,忘其字,然子,画承家法。""张淑,然子,亦善画。"人们称之为"山子张",素有"不问而知张氏之山"之称。祖传有:安、连、接、斗、挎、拼、悬、剑、卡、垂"十字诀"。又流传有"安连接斗挎,拼悬卡剑垂,挑飘飞戗挂,钉担钩榫扎,填补缝垫杀,搭靠转换压"的"三十字诀"。江南一带则流传为叠、竖、垫、拼、挑、压、钩、挂、撑等"九字诀"。大概雍正年间"山石张"已经式微。陈从周先生以为"山石张"的衰落是由于张氏后人"童昏","邈难得其先人之术"。

中国古代部分重要造园家及其园林实例表

造园家	宫殿\园林	时期	地点	主人	相关造园著作	备注
周文王	灵台、灵沼、灵囿	公元前11世纪（西周）	陕西长安	周文王	《诗经·大雅·灵台》	文献记载最早的古代园林形态
秦始皇	上林苑、梁山宫、骊山宫、兰池宫	秦	陕西西安、咸阳	秦惠王 秦始皇	杜牧《阿房宫赋》	"高台榭、美宫室"风格发展的巅峰时期
汉武帝	汉上林苑、甘泉宫、建章宫	公元前138—前104年（西汉）	陕西西安、长安	汉武帝		"一池三山"模式开始出现
陶渊明		东晋			《归园田居》、《桃花源记》	田园诗派的开创者
石崇	金谷园	西晋	河南洛阳东北	石崇	《金谷集》、《金谷诗序》	有"南兰亭，北金谷"美誉
谢灵运	始宁园	东晋	浙江上虞	谢玄、谢灵运	《山居赋》	山水诗鼻祖
王维	辋川别业	盛唐时期	陕西蓝田	王维	《终南别业》、《辋川集》	唐代山水田园派的代表
白居易	庐山草堂	元和十二年（公元817年）	庐山	白居易	《草堂记》	诗歌和造园思想对日本影响深远
白居易	履道坊宅园	长庆四年（公元824年）	洛阳	白居易	《池上篇》	
白居易	西湖白堤	长庆二年（公元822年）			《钱塘湖石记》	
杜甫	浣花溪草堂	公元760年	四川成都	杜甫	《卜居》、《堂成》	
李德裕	平泉山庄	晚唐822年	河南洛阳	李德裕	《平泉山居草木记》	"平泉朝游"为当时洛阳八大景之一
柳宗元	八愚园林	永贞元年（公元805年）	湖南永州	柳宗元	《永州八记》	把山水游记推向了新的高峰
卢鸿一	嵩山别业	唐开元年间	河南嵩山	卢鸿一	《嵩山十志诗》	
苏东坡	东坡雪堂	宋元丰三年（公元1081年）	湖北黄州	苏东坡	《雪堂记》、《灵璧张氏园亭记》	
苏东坡	西湖苏堤	宋元祐四年（公元1089年）	浙江杭州			
司马光	独乐园	北宋熙宁六年（1073）	河南洛阳	司马光	《独乐园记》	《资治通鉴》在独乐园中完成
苏舜钦	沧浪亭	北宋庆历五年（公元1045年）	江苏苏州		《沧浪亭记》	苏州园林中现存最古老的一座园林
沈括	梦溪园	北宋元祐二年（公元1087年）	江苏镇江	沈括	《梦溪园记》、《梦溪笔谈》	笔记体巨著《梦溪笔谈》在园中完成
朱长文	乐圃	北宋嘉祐年间	江苏苏州	朱长文	《乐圃记》	
宋徽宗、梁师成	艮岳	北宋政和七年（公元1117年）到宣和四年（公元1122年）	河南开封	宋徽宗	《御制艮岳记》	北宋山水宫苑
文徵明、王献臣	拙政园	明朝正德年间	苏州	王献臣	《拙政园图》、《拙政园记》	1997年被联合国教科文组织列为世界文化遗产
计成	东第园	明天启年间	常州	吴玄	《园冶》	《园冶》中国第一本造园理论专著，世界最早的造园名著
计成	影园	明天启年间	扬州	郑元勋		
张南阳	豫园	明嘉靖年间	上海	潘允端	《豫园记》	石包土叠山造园
张南阳	弇山园	明万历年间	太仓	王世贞	《弇山园记》	

续表

造园家	宫殿\园林	时期	地点	主人	相关造园著作	备注
米万钟	米氏三园：京城漫园、湛园、勺园	明万历年间	北京	米万钟	《勺园修禊图》	米芾后裔，米家四奇：园、灯、石、童
周秉忠	东园（今留园）	明万历年间	苏州	徐泰时		
雷金玉	圆明园	雍正三年（公元1725年）	北京	雍正		雷氏家族第一位执掌样式房掌案一职的人
张南垣	横云山庄，鹤洲草堂，吴伟业梅村、藻园，席本桢东园，赵洪范南园，金坛虞大复像园等	清顺治年间到康熙年间	松江、嘉兴、江宁、金山、常熟、太仓一带营造园林堆叠假山		《张南垣传》	开创了叠山艺术的新流派，其后人在北京专门以叠假山为业
张然 叶洮	畅春园	康熙二十三年（公元1684年）至康熙二十六年（公元1687年）	北京	康熙	御制《畅春园记》	首次全面引进江南造园艺术的皇家园林
康熙	承德避暑山庄	康熙四十二年（公元1703年）至康熙五十二年（公元1713年）	承德	康熙	御制《避暑山庄记》	塞外宫城
乾隆	圆明三园	乾、嘉时期	北京		《圆明园四十景图咏》、《圆明园御制诗》	乾隆三年（公元1738年）至三十九年（公元1774年）的36年间，皇家园林新建、扩建的园林面积大约有上千公顷之多
	清漪园	乾隆十五年（公元1750年）至乾隆二十九年（公元1764年）	北京	乾隆		
石涛	片石山房	清初	扬州	何芷舸	以石涛画稿为蓝本	扬州八怪之一
	大涤草堂	康熙三十六年（公元1698年）	扬州	石涛	《大涤堂图》	
戈裕良	苏州环秀山庄	清嘉庆十一年（公元1806年）	苏州	宋代朱长文乐圃，清代相继为蒋楫、毕沅、孙士毅宅		造园叠山艺术家，独创"钩带法"
	扬州小盘谷	清乾隆嘉庆年间	扬州	周馥	《小盘谷题跋》	
	常熟燕园	乾隆四十五年（公元1780年）	常熟			
李渔	南京芥子园、北京半亩园	清顺治、康熙年间	江宁（南京），北京	李渔、贾汉复	《闲情偶寄》	《芥子园画谱》以园名之，为世人学画必修之书
文震亨	香草垞、碧浪园				《长物志》	文徵明曾孙
袁枚	随园	清乾隆十年（公元1745年）	江宁（南京）	袁枚	《随园记》	与纪晓岚齐名，时称"南袁北纪"
曹雪芹	荣国府、宁国府和大观园等"纸上园林"				《红楼梦》	融会南北园林艺术之所长，创造出的人间奇境大观园
张轼	寄畅园	清顺治末康熙初	无锡	秦德藻		

部分插图来源

图 1-5　周维权. 中国古典园林史 [M]. 第 3 版. 北京：清华大学出版社，2010：54.
图 1-10　沈福煦. 中国古代建筑文化史 [M]. 上海：上海古籍出版社，2001：42.
图 1-11　沈福煦. 中国古代建筑文化史 [M]. 上海：上海古籍出版社，2001：43.
图 2-4　周维权. 中国古典园林史 [M]. 第 3 版. 北京：清华大学出版社，2010：65.
图 2-5　侯幼彬，李婉贞. 中国古代建筑历史图说 [M]. 北京：中国建筑工业出版社，2002：15.
图 2-6　汪菊渊. 中国古代园林史 [M]. 北京：中国建筑工业出版社，2006：35.
图 3-2　汪菊渊. 中国古代园林史 [M]. 北京：中国建筑工业出版社，2006：47.
图 3-3　周维权. 中国古典园林史 [M]. 第 3 版. 北京：清华大学出版社，2010：72.
图 3-4　汪菊渊. 中国古代园林史 [M]. 北京：中国建筑工业出版社，2006：56.
图 3-5　汪菊渊. 中国古代园林史 [M]. 北京：中国建筑工业出版社，2006：58.
图 3-6　汪菊渊. 中国古代园林史 [M]. 北京：中国建筑工业出版社，2006：58.
图 4-10　汪菊渊. 中国古代园林史 [M]. 北京：中国建筑工业出版社，2006：471.
图 7-3　周维权. 中国古典园林史 [M]. 第 3 版. 北京：清华大学出版社，2010：155.
图 8-3　汪菊渊. 中国古代园林史 [M]. 北京：中国建筑工业出版社，2006：967.
图 10-2　侯幼彬，李婉贞. 中国古代建筑历史图说 [M]. 北京：中国建筑工业出版社，2002：171.
图 11-3　侯幼彬，李婉贞. 中国古代建筑历史图说 [M]. 北京：中国建筑工业出版社，2002：109.
图 11-6　汪菊渊. 中国古代园林史 [M]. 北京：中国建筑工业出版社，2006：829.
图 11-8　（清）孔继尧绘. 顾沅辑. 吴郡名贤图传赞 [M]. 道光九年刻本.
图 12-4　汪菊渊. 中国古代园林史 [M]. 北京：中国建筑工业出版社，2006：203.
图 13-1　汪菊渊. 中国古代园林史 [M]. 北京：中国建筑工业出版社，2006：723.
图 13-2　汪菊渊. 中国古代园林史 [M]. 北京：中国建筑工业出版社，2006：723.
图 14-2　王世仁.《勺园修禊图》中所见的一些中国庭园布置手法 [J]. 文物，1957（06）.
图 14-3　王世仁.《勺园修禊图》中所见的一些中国庭园布置手法 [J]. 文物，1957（06）.
图 14-4　贾珺. 北京私家园林志 [M]. 北京：清华大学出版社，2009：286.
图 14-8　童寯. 江南园林志 [M]. 北京：中国建筑工业出版社，1984.
图 15-3　汪菊渊. 中国古代园林史 [M]. 北京：中国建筑工业出版社，2006：816.
图 15-4　李敏，吴伟主编. 园林古韵 [M]. 北京：中国建筑工业出版社，2006：116.
图 16-5　汪菊渊. 中国古代园林史 [M]. 北京：中国建筑工业出版社，2006：730.
图 16-6　刘敦桢. 苏州古典园林 [M]. 北京：中国建筑工业出版社，1979.
图 17-2　周维权. 中国古典园林史 [M]. 第 3 版. 北京：清华大学出版社，2010：378.
图 17-3　周维权. 中国古典园林史 [M]. 第 3 版. 北京：清华大学出版社，2010：382.
图 17-6　汪菊渊. 中国古代园林史 [M]. 北京：中国建筑工业出版社，2006：376.
图 17-7　汪菊渊. 中国古代园林史 [M]. 北京：中国建筑工业出版社，2006：371.
图 18-3　周维权. 中国古典园林史 [M]. 第 3 版. 北京：清华大学出版社，2010：573.
图 18-5　本社编. 皇家苑囿建筑 [M]. 北京：中国建筑工业出版社，2010：40.
图 18-6　周维权. 中国古典园林史 [M]. 第 3 版. 北京：清华大学出版社，2010：533.
图 18-7　李敏，吴伟主编. 园林古韵 [M]. 北京：中国建筑工业出版社，2006：55.
图 19-1　张宝章. 雷动流星 [M]. 北京：文物出版社，2004.
图 19-2　吴颖鸿. "样式雷"：清代二百年的建筑传奇 [N]. 北京日报，2012-06-13.
图 21-2　关华山.《红楼梦》中的建筑与园林 [M]. 天津：百花文艺出版社，2008：37.
图 21-3　关华山.《红楼梦》中的建筑与园林 [M]. 天津：百花文艺出版社，2008：38.
图 21-4　关华山.《红楼梦》中的建筑与园林 [M]. 天津：百花文艺出版社，2008：91.
图 21-5　焦俊梅等. 红楼梦图谱 [M]. 长沙：湖南美术出版社，2010：86.
图 21-5　焦俊梅等. 红楼梦图谱 [M]. 长沙：湖南美术出版社，2010：127.
图 22-1　周维权. 中国古典园林史 [M]. 第 3 版. 北京：清华大学出版社，2010：403.
图 22-2　http://zh.wikipedia.org/wiki/File:Jichang_Royal_Garden.jpg.v.

图书在版编目（CIP）数据

中国古代造园家/ 吕明伟编著. — 北京：中国建筑工业出版社，2013.8
ISBN 978-7-112-15645-0

Ⅰ.①中… Ⅱ.①吕… Ⅲ.①造园林—建筑师—生平事迹—中国—古代　Ⅳ.① K826.16

中国版本图书馆CIP数据核字（2013）第165341号

责任编辑：杜　洁
责任校对：王雪竹　刘　钰

中国古代造园家
吕明伟　编著

*

中国建筑工业出版社出版、发行（北京西郊百万庄）
各地新华书店、建筑书店经销
北京京点图文设计有限公司制版
北京中科印刷有限公司印刷

*

开本：787×960毫米　1/16　印张：14　字数：270千字
2014年1月第一版　2014年1月第一次印刷
定价：49.00元
ISBN 978-7-112-15645-0
　　　（24273）

版权所有　翻印必究
如有印装质量问题，可寄本社退换
（邮政编码　100037）